DAS EROTISCHE KABINETT

Das erotische Kabinett

Eingerichtet
von Heinz Ludwig Arnold

GUSTAV KIEPENHEUER VERLAG

Mit 40 Zeichnungen von Tomasz Jura

ISBN 3-378-00606-4

1. Auflage 1997

Rechtsnachweise am Ende des Buches
Gestaltung Frank Eilenberger
Gesetzt aus »Caslon 540«
Druck und Binden Kösel GmbH, Kempten
Printed in Germany

I

II

III

IV

V

VI

VII

Einladung ins erotische Kabinett

Wer ein üppiges Mahl genossen hat, bedarf der sinnlichen Erheiterung, wer sich vom literarischen Bankett erhoben hat, besuche das erotische Kabinett.

Das Kabinett war einmal so etwas wie eine geheime Kammer, ein Ort, an dem Geheimes besprochen, verabredet oder betrieben wurde; ein Ort der Heimlichkeiten, nur für Auge und Ohr der Beteiligten bestimmt. Dies galt in besonderem Maße für ein erotisches Kabinett. Aber die Zeiten, da ein Besuch dortselbst heimlich zu halten war, sind lange vorbei.

Der Besuch im erotischen Kabinett garantiert Vorspiel in reichem Sinne: Ein voll instrumentiertes Orchester setzt mit den unterschiedlichsten Präludien und Ouvertüren ein Kopf-Theater in Gang, das auf Handlung in mehreren Akten zielt. Dabei bedient es sich streichelnder Violen und quengelnder Flöten, rauchiger Hörner und sprühender Trompeten, plärrender Oboen und stöhnender Fagotte, sausender Posaunen, vibrierender Spinette, hämmernder Klaviere, wirbelnder Trommeln und wuchtiger Pauken, die endlich allesamt in rauschendem Orgeln zusammenschießen.

Wie die Speisen beim literarischen Bankett werden auch die Freuden des erotischen Kabinetts auf Papier geliefert: im bilder- und anspielungsreichen Gewand barocker Opulenz und in moderner Unmittelbarkeit, in der schamhaften Pose des 19. Jahrhunderts ebenso wie in der scharfen Freisinnigkeit seiner privaten Vergnügung, im zärtlichen Duett und im imaginationsstarken Solo.

Der polnische Zeichner Tomasz Jura hat die unterschiedlichsten graphischen Stellung-Nahmen zum Inventar des erotischen Kabinetts entworfen. Sie bieten reichlich Anschauung, nach der jedermann und -frau den Aufenthalt in diesem anregenden Etablissement abwechslungsreich zu gestalten vermag.

Beim Gang durch die sieben Nischen dieses erotischen Kabinetts möge jede Besucherin auf ihre und jeder Besucher auf seine und mögen beide auf gemeinsame Kosten und Freuden kommen.

Göttingen, am 25. Juli 1997 — Heinz Ludwig Arnold

I

Warum wendet ihr ab das zücht'ge Antlitz,
Keusche Jungfern und ehrbare Matronen?
Sing ich doch nicht von loser Götterliebschaft
Noch von Stellungen und von geiler Unzucht.
Hier sind keine – peniblen Verse, keine
Die den Knaben (die ja bekanntlich rein sind)
Nicht der bärt'ge Magister zeigen könnte.
Ich sing nur von Küssen (nicht was danach kommt),
Denn ich bin ja ein keuscher Musendiener.
Aber frech schauen oft mich an die ehrbarn
Frauen alle wie auch die keuschen Maiden,
Weil vielleicht mal – natürlich ohne Absicht –
Mir ein stärkeres Wort geflügelt abging.
Macht euch fort drum, geht weg, ihr böser Haufen,
Weiber ihr und ihr Jungfern, geile Bande;
Denn so keusch ist meine Neaera, daß sie
Gliedlos lieber ein Buch mag als den Dichter.

JOHANNES SECUNDUS

YOKO TAWADA

Zungentanz

Wenn ich aufwache, ist meine Zunge immer etwas geschwollen und viel zu groß, um sich in der Mundhöhle zu bewegen. Sie versperrt mir den Atemweg, ich spüre einen Druck auf die Lungen. Wie lange noch dieses Ersticken? frage ich mich, und schon schrumpft sie. Meine Zunge erinnert mich dann an einen verbrauchten Schwamm, steif und trocken zieht sie sich langsam in die Speiseröhre zurück, dabei nimmt sie meinen ganzen Kopf mit. Damals in einem Traum stand ich auf einer unbefahrenen Autobahn. Mein Körper bestand aus einer einzigen Zunge. In der Ferne sah ich einen uniformierten Mann auf dem Bauch liegen. Ich sagte zu mir, ich hätte nichts gesehen. Eine Zunge hat keine Augen. Da erschienen zwei Polizisten aus dem Nichts und sprachen mich an. Ich sei die einzige Person, die den brutalen Mord gesehen haben könnte. Wer einen uniformierten Rücken erschieße, werde streng bestraft. In Wirklichkeit war der liegende Mann ein Zinnsoldat. Eine brennende Zigarette schaute aus der Tasche seiner metallenen Hose heraus.

Ich war eine Zunge. Ich ging so aus dem Haus heraus, nackt, rosa und unerträglich feucht. Es war einfach, Menschen auf der Straße zu entzücken, keiner wollte mich jedoch anfassen. Im Schaufenster standen Plastikfrauen ohne Geschlechtsorgane. Die Preise auf den Schildern waren mit einem Rotstift durchgestrichen. Vorsichtige Bürger berühren nur die in Plastikfolien eingepackten Zungen.

Meine ganze Person bestand aus einer einzigen Zunge. So bekam ich keine Arbeitsstelle. Dann schrieb ich eine Autobiographie. Die Lebensgeschichte einer Zunge. Ich trage sie dem Publikum vor; in Melsungen, in Hemmelsdorf, in Winsen, in Bad Hersfeld, in Bendestorf, in Reutlingen und in Ittingen.

Seit einigen Wochen habe ich bei jeder Lesung Schwierigkeiten. Auf dem Manuskriptpapier bilden die Buchstaben eine Mauer, ich gehe geduldig an der Mauer entlang, es gibt aber keine Tür, kein Fenster, nicht einmal eine Klingel. Ich kann die Sätze nicht lesen, obwohl ich sie geschrieben habe. (Wie kann ich aber so leichtsinnig »ich« sagen? Wenn die Zeilen einmal fertig sind, entfernen sie sich von mir und verwandeln sich in eine andere Sprache, die ich nicht mehr verstehen kann.)

Ohne zu wissen, was ich tun soll, fange ich an, die ersten Wörter irgendwie auszusprechen. Jedes Wort steht mir im Weg. Wenn es bloß kein Wort mehr im Text gäbe, denke ich mir, dann könnte ich ihn fließend vorlesen. Die Mauer der Buchstaben hindert meine Sicht.

Einige Sätze enden wie abgehackt, so daß ich fast ins Loch des Punktes stürze. Kaum ist diese Gefahr vorbei, steht schon der nächste Satz vor meinen Augen, auch er hat keine Eingangstür. Wie soll ich mit dem Satz beginnen? Die Wörter werden immer eckiger und sperriger. Bald wachsen die einzelnen Buchstaben aus ihnen heraus. Wo beginnt ein Wort? Wo endet es? Mein Mut, der aus einer einzigen Zunge besteht, schrumpft, bis er kleiner wird als ein Komma. Mit winzigen Füßen muß ich jeden Buchstaben hochklettern, ohne sehen zu können, was hinter ihm steckt. Jeder Laut ein Sturz. Die Stimme wird immer leiser, während die Schriftzeichen immer lauter werden.

Ich bin krank. Meine ganze Krankheit besteht aus einer Zunge. Im Telefonbuch schaue ich unter dem Stichwort »Arzt« nach, weiß aber nicht, wen ich anrufen soll. Mein ehemaliger Zahnarzt haßte Zungen, weil sie ihn bei der Behandlung störten. Mein Internist müßte sich eigentlich für die Zunge, an der man den Zustand des Magens ablesen kann, interessieren. Aber ihm durfte ich noch nie meine Zunge zeigen. Ich suche weiter im Telefonbuch. Unter dem Stichwort »Sprachen« finde ich endlich einen Spracharzt.

Am nächsten Tag rufe ich den Spracharzt an und gehe in seine Praxis. Ich erzähle ihm von dem Sprachsturz und dem Sprachschmerz. Der Mann im weißen Kittel unterbricht mich und gibt mir sofort Ratschläge: Ich solle mir in jedem Satz, den ich sage, ein Wort aussuchen, das ich betonen will. Dieses Wort solle über die restlichen Wörter herrschen und den ganzen Satz unter seiner Gewalt haben. Sonst gebe es eine Anarchie im Mundbereich. Ich solle nur dieses eine Wort ins Auge fassen und alle anderen Wörter nur mit einem leichten Atemschlag streichen. Meine Zunge beginnt plötzlich, Japanisch zu sprechen.

いつでもどんな時にでもよみがえってくるそれや何をしてもどうしようもないあれはいったい何

Also nicht so, sondern ich solle nur ein Wort betonen. Aber ich kann nicht auf Kosten der anderen nur ein Wort hervorheben. Nicht weil mein demokratisches Gefühl dagegen protestiert, sondern weil ich dann auf dem Rhythmus meines Atems ausrutsche. Der Arzt bleibt aber bei seiner Meinung. Ich müsse trotzdem ein einziges Wort betonen, und zwar nicht dadurch, daß ich in eine höhere Stimmlage gehe, sondern ihm ein größeres Gewicht gebe. Schon wieder springt Japanisch aus meinen Stimmbändern, oder sind das fremde Tonbänder in einer Maschine?

上へ昇ったり、下へ降りたり、声といっしょに、ひらひら、はためき、言葉、鳥の声や、虫の声で、あがったり、さがったり、下になったり、上になったり、

Also nicht so, sondern immer in der gleichen Tonhöhe, sonst klingt es so unanständig, sagt der Arzt. Tonhöhen gelten in der Welt der Phonetik als Prostituierte.

Außerdem dürfe ein »b« nicht wie ein kriechender Frühlingswind schleichend hörbar werden, sondern müsse explosiv auftreten. Das »Bett« zum Beispiel, da müsse man mit einem Schwung hineinspringen und nicht heimlich hineinkriechen.

Seinen Anweisungen folgend betone ich nur noch die ausgesuchten Wörter, und auf einmal verschwinden die steinernen Buchstaben. Es ist seltsam: Um lesen zu können, muß ich auf den Text blicken. Aber um nicht zu stolpern, muß ich so tun, als wären sie gar nicht da. Das ist das Geheimnis des Alphabets: Die Buchstaben sind nicht mehr da, und doch sind sie noch nicht verschwunden.

In einem Traum treffe ich Zoltán auf der Straße. Ich lade ihn zum Tee ein. Es wird dunkel. In einem Neonlicht erscheint sein Gesicht blaß. Was ist los mit dir? Seine Haut ist halbdurchsichtig geworden, unter ihr bilden die roten und die blauen Adern Schriftzüge. Auf der nackten Innenseite seines Oberschenkels sehe ich ein »n«. Was ist das? Zoltán antwortet verlegen: Er sei dünn geworden, deshalb könne er nicht mehr Blut mit Fett verdecken. In der eisigen Luft des düsteren Zimmers wird seine Haut immer durchsichtiger, wie von einer Eisschicht bedeckt. Ich bin froh, daß ich einen Pelzmantel anhabe. Bist du tätowiert? Ich frage ihn vorsichtig. Nein, das ist meine Natur, murmelt er. Aber was ist mit dem »n«? Das kann doch nicht bloß mit der Natur zu tun haben.

Er meint, ich solle bei dem Laut »n« nicht den hinteren Teil der Zunge gegen den Gaumen drücken, sondern die Zungenspitze müsse sich gegen die Rückseite der Vorderzähne pressen. Sonst würde man diesen Konsonanten nicht hören, und damit hätte ich immer den letzten Teil seines Namens abgeschnitten.

そんなの、なんだか、のんだくれの、とんちんかんの言うことみたいで、ちんぷんかんぷん。

Nein, nicht so, sondern das »n« muß ganz anders klingen. Aber es ist für mich organisch nicht möglich. Wenn dem »n« kein Vokal folgt, ist es unmöglich, die Zunge nach vorne zu locken. Daher kann ich zum Beispiel nicht »Wunsch« sagen, denn die Zunge drückt nicht auf den Konsonanten, sondern auf Zoltáns weiches Glied. Es scheint zu stimmen, daß seine durchsichtig gewordene Haut nichts mehr bedecken kann. Ich sehe, wie zahllose kleine Buchstaben in das Glied hineinfließen. Wenn bloß ein »o« dazwischen stehen würde, denke ich zwischendurch. »Wunosch« könnte ich mühelos sagen. Also warum sollte ich nicht einen »Wunosch« haben anstatt einen Wunsch? Wenn ich eines Tages nicht mehr das »o« brauche, kann ich es fallen lassen. Bis dahin werde ich meinen Wunosch behalten. Das Glied wird immer härter, seine Oberfläche fühlt sich weich an wie Seide. Ein Mensch braucht vielleicht einen Wunsch, einen Entwurf für die Zukunft, ich bin aber kein Mensch, sondern eine Zunge. Außerdem kann ich nicht das Wort »Mensch« aussprechen, weil ein einsames »n« in ihm steht. »Menosch!« rufe ich. In dem Moment explodiert Zoltáns Glied. Flüssige Buchstaben spritzen aus ihm heraus, reflektieren das Neonlicht und verschwinden wieder in die Stille des stummen Geschmackssinns.

Blind sein
und noch mal
die Zunge
die große
die mich bedeckt
sich festhakt in
meinem Fleisch
mich dehnt
mich ausstopft
dampft auf mir
mich mürbe schlägt
die mich zerreibt
fühlt wie ich
die scharfe Zunge
die blutlos schreibt
nichts habe ich
gesehen
lese während sie schreibt
meine Haut ist zerschnitten
von schönen Zeichen
unheilbar
wählerisch
so tief es geht
Blind sein
mit viel mehr Haut

PAUL FLEMING

Wie er wolle geküsset sein

Nirgends hin als auf den Mund:
Da sinkt's in des Herzens Grund;
Nicht zu frei, nicht zu gezwungen,
Nicht mit gar zu fauler Zungen.

Nicht zu wenig, nicht zu viel:
Beides wird sonst Kinderspiel;
Nicht zu laut und nicht zu leise:
Beider Maß ist rechte Weise.

Nicht zu nahe, nicht zu weit:
Dies macht Kummer, jenes Leid;
Nicht zu trucken, nicht zu feuchte,
Wie Adonis Venus reichte.

Nicht zu harte, nicht zu weich,
Bald zugleich, bald nicht zugleich;
Nicht zu langsam, nicht zu schnelle,
Nicht ohn' Unterscheid der Stelle.

Halb gebissen, halb gehaucht,
Halb die Lippen eingetaucht;
Nicht ohn' Unterscheid der Zeiten,
Mehr alleine denn bei Leuten.

Küsse nun ein jedermann,
Wie er weiß, will, soll und kann!
Ich nur und die Liebste wissen,
Wie wir uns recht sollen küssen.

ALISSA WALSER

Dies ist nicht meine ganze Geschichte

Heute besteht meine Welt aus einem einzigen Menschen. Wäre ich reich und mächtig, wären es bestimmt mehr. Ich versuche, die Anzahl der Menschen zu vergrößern, aber das ist ab dreißig nicht mehr so leicht. Seine tastenden Hände bilden die Grenzen meiner Welt. Seine Säfte fließen in mir zusammen. Die Frage, ob das eine Verbindung, wie etwa eine Brücke, zwischen uns darstellt, kann ich nicht beantworten. Er zeigt mir die Welt, wie ich sie mir wünsche. Deshalb habe ich ihn ausgesucht.

Er hält zwei Ecken eines Tuches, auf dem das Abbild der Welt zu sehen ist. Die anderen beiden halte ich selbst. Daraus geht hervor, daß das Tuch rechteckig ist, eine einfache geometrische Form also, die, je nach ihrer Proportion, eine gewisse Harmonie nicht ausschließt. Wenn er bei mir ist, darf kein anderer anwesend sein. Ich verbringe die meisten Stunden mit ihm. Er ist meine Langstreckenbekanntschaft. Er ist ausdauernd und freundlich. An seinen runden Schultern reibe ich mich mit jedem Fleck meiner Haut. Die Schultern sind unbehaart. Der ganze Körper ist unbehaart. Seine Schultern sind die Stelle, an der ich mir seine Kraft abzapfen kann. Er ist mein Generator, dieser Freund, und ich bin seiner.

Eines Tages steige ich in den Zug und fahre in ein südliches Land. Dorthin, wo Europa und Asien durch eine Brücke verbunden sind. Er fährt mir nach. Abends schlendern wir von einem Kontinent zum anderen hinüber, und in der Mitte rasten wir und essen einen Fisch. Die Brücke macht uns riesengroß. Auf unserem Weg von Europa nach Asien gesteht er mir, daß er drüben einen Turm besitzt.

Ich könnte, sage ich mir, überall allein hingehen. Er gibt mir das Gefühl, ich käme ohne ihn zurecht. Er läßt mich nicht aus den Augen. Seine Schultern sind immer in der Nähe. Ich bin so, daß mich ihre Anwesenheit beruhigt. An den Schultern erkenne ich seinen Schwanz.

Nachmittags verschwinden wir im hölzernen Turm, steigen endlose Treppen hinauf, durchqueren die Wohnung eines Säufers und seiner Frau (er ist nicht zu Hause, aber seine Brut, die mir beinahe die Lust raubt). Wir steigen hinauf bis unters glühende Dach und trösten uns mit dem tröstlichsten aller Organe, der Zunge. Seine Haut schmeckt mir, seine salzige Haut.

Ich werde ihn nicht los. Er klebt an mir. Ich schlucke seinen Samen, ich schlucke seinen Schweiß und schwitze ihn wieder aus, und er nimmt ihn wieder zu sich. So schenken wir unser Salz hin und her. Ich steige in den Bus, der nach Pamukkalle fährt. Ich will nicht mit ihm zusammenwachsen wie ein siamesischer Zwilling. Im Bus sitzt er hinter mir. Vor mir sitzt eine Frau, die ich für eine Engländerin halte. Sie reist allein und hat kaum Gepäck. Die weißen Kreidefelsen sind trocken. In der Hitze liegen sie da wie die Zähne eines toten Riesen. Menschen klettern darauf herum. Wenige, von Füßen breitgetretene Pfützen. Ich will das Wasser nicht berühren, es ist gelb und stinkt, als seien es Urinpfützen. Ich muß mich früh schlafen legen, eine Müdigkeit vortäuschen, um endlich endlich allein zu sein.

Kaum ist er fort, verlasse ich das Hotel. Am Empfang: ein junger Mann mit runden Schultern, unbehaart. Ich erkenne die Fäuste, den Mund, der jetzt spricht. Er bittet um einen Kuß. Er weint. Ich gebe keinen Kuß heraus. Er wird meine Welt nicht erschüttern. Samen ist im Überfluß vorhanden. An einem Sommertag wie heute würde er gern verspritzt werden. Türkische Frauen sieht man so gut wie nie. Ich laufe die Straße hinab und bekomme Samen geboten, den ich höflich, warum eigentlich, ablehne. Die Jungs schauen erwartungsvoll wie Vögel, bevor sie anfangen zu jammern. Sie möchten platzen. Platzen und sich über Europa verteilen. Heute abend überlege ich mir nichts zweimal. Es wird dunkel. Ich glaube gerade, ich bin die einzige, die allein ist, da sehe ich die Frau aus dem Bus. Ich halte sie für eine kluge Frau. Klug, weil sie ihr Gepäck selbst trägt. Ich will auch allein sein. Aber nicht so wie sie. Ich will allein sein und feucht.

Niemand kennt mich. Nicht einmal A., der jetzt in irgendeiner Bar sitzt und, weiß man's, vielleicht so eine englische Frau küßt? Mit reinem Herzen kann ich sagen, ich möchte, daß er sich nimmt, was er will. So rein ist mein Herz sonst selten.

Keiner wirft mir vor, ich sei eine Leichte, obwohl mich alle dafür halten. So aus der Ferne lieben sie mich dafür. Vom Straßenrand aus bin ich die Frau ihrer Träume, ohne schön zu sein. A. bestreitet das. Alle lieben mich hier. Es ist wie im Himmel. Als hätte sich die ganze Feuchtigkeit der versiegten Quellen in die Hoden der Männer zurückgezogen und stünde nur mir unbegrenzt zur Verfügung. Ihr Samen ist weiß und dickflüssig wie die Creme, die ich mir abends auf die Augenlider tupfe, damit sie nicht austrocknen. Ein Gefühl, als sei ich in den Cremetopf gefallen. Später komme ich an einer Bar vorbei, sofort erkenne ich A. an seinen Schultern. Er ist allein und schlürft ein tiefblaues Getränk, in dem, wie im Nordmeer, Eisstückchen treiben. Ich berichte ihm vom Weinen des Portiers. Er ballt seine Fäuste. Er wird den Jungen schlagen. So kehren wir rasch ins Hotel zurück. Ich folge ihm, seine weißen Hosen leuchten in der Nacht. Ich freue mich auf das Gewitter, das zwischen den beiden ausgetragen werden soll, die warme Nacht, das warme Blut. Die Rezeption ist verlassen. Der Portier hat die Tür des Nebenzimmers hinter sich geschlossen. Die spastischen Bewegungen seiner Hand am eigenen Leib haben den Jungen für heute gerettet. Ich schließe mich mit A. in ein Zimmer ein. In Strömen rinnt ihm der Schweiß. Ich wasche ihn mit meiner Zunge. (Schon meine Mutter nannte meine Zunge einen Waschlappen.) Aber auf einmal stürzt A. ab und zieht mich mit sich. Dafür weiß ich keinen Grund. Und wenn mein Generator nichts mehr hergibt, dann ist das Leben flau, und wir liegen in den Betten und atmen flach wie zwei erschöpfte Tauben.

II

Trieb

Schrecken Sträuben
Wehren Ringen
Ächzen Schluchzen
Stürzen
Du!
Grellen Gehren
Winden Klammern
Hitzen Schwächen
Ich und Du!
Lösen Gleiten
Stöhnen Wellen
Schwinden Finden
Ich
Dich
Du!

AUGUST STRAMM

ZSUZSANNA GAHSE

Im Gegenteil

Seit einer Viertelstunde schaue ich Robert zu, er liegt auf dem Rücken und hat sich mit seinem langen Pelzmantel zugedeckt, den er nachmittags besonders bequem findet. Seine Beine schauen hervor und wirken im Dämmerlicht hell, beinahe weiß. Ein weißer Mann im Pelz, allerdings in seinem eigenen Pelz. Er schläft und sieht dabei aus, als hätte er sich einem sehr ernsten Gedanken zugekehrt, und seitdem er vor einigen Wochen von einer langwierigen Reise zurückgekehrt ist, schaut er oft geradezu übertrieben ernst, so daß ich in seinem Gesicht zugleich eine Belustigung sehe.

Gestern kamen wir gemeinsam aus dem Haus, hatten dann verschiedene Wege, und er ging gerade auf seinen Wagen zu, als es auf der anderen Straßenseite zu einem Zwischenfall kam. Tanja war aus einem der gegenüberliegenden Läden getreten, sie schaute sich um, stolperte dabei und fiel der Länge nach auf den Gehweg. Er hat den Vorfall wahrscheinlich nicht bemerkt, während er in den Wagen stieg, und er war schon abgefahren, als sich die Passanten um Tanja versammelten. Tanja heißt sie, dachte ich, ging zu ihr hinüber und fand die Umstehenden alle mehr oder minder belustigt.

Sie lag zunächst ausgestreckt, dann drehte sie sich auf die Seite, ein Ärmel ihrer Bluse war aufgerissen, die Strumpfhose hatte an beiden Beinen breite Laufmaschen, und unter dem hochgerutschten Rock gab es nur diese Strumpfhose. Widerwillig schaute sie sich um, und wir, die Stehenden, warteten unschlüssig, anstatt ihr zu helfen. Wir wollten etwas, was sonst nicht aufgefallen war, schnell entdecken. Ein hochgewachsener Mann mit langem Pferdeschwanz war mit seinen zwei Kindern neben mir stehengeblieben, die Kinder gingen in die Hocke und zeigten mit den Fingern auf die Laufmaschen und den roten Fleck auf ihren Knien. Sie blutete leicht. Ein alter Mann wagte, laut zu lachen. Zwei schwarze kleine Damen und eine Rote mit Dauerwellen staunten mehr über ihn als über die noch Liegende. Das aber heißt, sie vermieden, die Gestürzte genau anzusehen, und ich wüßte nichts von ihnen, hätte ich sie weniger und Tanja länger betrachtet, aber sicher gibt es eine Abmachung, uninteressiert zu bleiben, wenn es sich um sie zum Beispiel und ihre Angelegenheiten handelt, und so von ihr abgelenkt gaben sich auch die anderen Frauen.

Ich habe sie schon oft gesehen und kannte am Eckhaus die leuchtende kleine Schrift *Tanja*. Ich wußte, daß sie, wenn auch selten, wahrscheinlich hatte sie es nicht nötig, und die Leute kamen von selbst zu ihr, vor die Haustür trat und die Straße entlangschaute. Wenn sie aber vor der Haustür wartete, ging sie auf und ab, wie im Film, sie ahmte den Film nach und hatte den gleichen Ausdruck in den Gliedern wie ihre filmischen und wirklichen Vorgängerinnen. Ich nehme an, daß sie nicht nur mir bekannt war. Während sie auf dem Gehweg lag, war sie aus ihrer schnell erkennbaren Rolle gekippt. Aber in solchen Dingen, wer nämlich welche Rolle spielt, kann sich jeder irren, es gibt die verrücktesten Täuschungen und Mißverständnisse, ganz abgesehen von den Verrücktheiten, die allen zustehen und die von sich aus mißverständlich sind.

Die Stehenden, mit mir zusammen waren es elf Leute, konnten nicht wissen, auf welche Art ihr am besten zu helfen war. Vielleicht wäre sie schon durch ein einziges Wort gekränkt gewesen. Wenn ich ihr die Hand gegeben hätte, um ihr beim Aufstehen zu helfen, hätte sie am Ende zugeschlagen.

Es dauerte nicht länger als drei, höchstens vier Minuten, daß sie auf dem Boden lag, sich unschlüssig und dann verärgert erhob, im Stehen die Strümpfe nochmals prüfte und mit jenem geringschätzigen Blick, der zu ihrer ständigen Gereiztheit gehören mochte, davonging oder davonhinkte, aber natürlich waren diese Minuten lang, und diese Zeit über waren die Genugtuung und das Interesse des alten Mannes spürbar, eigenartig war aber auch, wie der Vater der zwei Kleinen unbewegt und mit völlig gleichbleibender Miene zuschaute.

Als sie wieder stand, zog sie den Rock zurecht, und in ihrer Verstörtheit sah sie gut aus, dachte ich. Sie erinnerte an etwas Neues in Sachen Wagemut. Diese Überlegung war nicht freundlich gemeint und war etwas beängstigend. Ich bestätigte für mich, daß alles wie erwartet war, im Lot, auch ich habe richtig taxieren können, und das wiederum war eine Erleichterung, und Robert fragte ich heute mittag, ob er im Wegfahren noch gesehen habe, wie Tanja hingefallen war. Nein, er hat nichts bemerkt und ließ sich den Vorfall erzählen. Dann sagte er, ihm sei auch die Leuchtschrift an der Haustür nie aufgefallen, und bei diesem so blinden Mann gefiel es mir, weiter auszuholen.

Mit etwa vierzehn hatte ich einen langen Schulweg, selbst mit einer Abkürzung dauerte er beinahe eine Stunde. Die Abkürzung führte durch Nebenstraßen am Bahnhof vorbei, an vernachlässigten oder einfach häßlichen Straßen, ihre Stimmung war halb vom Bahnhof, halb vom Industrie- oder Speditionsviertel bestimmt. Wenn ich morgens um sieben durch dieses Gebiet ging, um rechtzeitig zur ersten Stunde zu kommen, war die Umgebung, von einigen parkenden Wagen abgesehen, ausgestorben, aber schon eine Stunde später tauchten Frauen auf, es gab irgendwelche Frauen in den morgendlichen Straßen zu dieser glücklicheren zweiten oder dritten Schulstunde. Als ich mich einmal nach einer von ihnen umwandte, erhob sie sich, vorher hatte sie sich wahrscheinlich an die Hauswand gelehnt, ich weiß nicht, jedenfalls streckte sie sich, kam auf mich zu und schrie, riß beide Arme hoch, schrie und kam mir schnell näher. Natürlich wußte ich sofort, daß ich nichts sagen durfte, den Mund halten mußte. Wie sie ausgesehen hatte, wußte ich kurze Zeit später nicht mehr, daß ich ihr aber im Weg war, verstand ich auf Anhieb, und nachdem ich hundert oder zweihundert Meter weitergelaufen war, blieb ich stehen und versuchte, nicht an den Zwischenfall zu denken.

Aber Ähnlichkeiten mit der Frau, die ich flüchtig gesehen hatte, sind mir dann bei allen anderen aufgefallen. Sofort sehe ich, wie sie gekleidet sind, wie sie mich anschauen, und merke, wie sich die Art der Kleidung im Laufe der Jahre verändert hat. Das finde ich aber auch aufschlußreich. Tanja zum Beispiel verzichtet darauf, zumindest tagsüber, mit offenen oder durchsichtigen Blusen herumzulaufen, trotzdem bin ich auch ihr im Weg, und als sie ihren Rock zurechtzog, hat sie mich angeschaut, als gäbe es mich nicht, und sie hat mir übelgenommen, daß ich trotzdem vor ihr stand. Inzwischen versuche ich, meine eigenen Einwände nicht zu vergessen. Im Gegenteil, an meiner Aufregung merke ich, daß ich die, die ihr ähnlich sind, sekundenschnell erkenne, gleichgültig sind sie mir nicht, bei keiner Gelegenheit übersehe ich sie, weil sie mir ebenfalls im Weg sind. Ich bin beunruhigt, wenn ich sie sehe, und es ist interessant, unruhig zu sein. Jemand sagte, genauer gesagt hat jemand geschrieben, daß er seiner Freundin, mit der er ausführliche Gespräche führe, nicht auch noch zumuten könne, seine Geliebte zu sein. Es wäre beängstigend, diese Vorstellung gut zu finden. Während es nach wie vor darum geht, möglichst jeden mit jedem in einem Zusammenhang zu sehen (jeder wirkt, mit welcher Verzögerung auch immer, und auch wenn das nicht leicht darzustellen ist, auf jeden), habe ich meine Vorstellungen von anderen übernommen und weiß nicht, wann mir jemand gefällt, warum ich mir gefalle, nicht gefalle, warum es mir heiß wird, ich schränke meine Bewegungen ein, übertreibe, habe keine Ahnung, was für Unterwäsche ich kaufen sollte; und wie sollte ich nicht vor der Haustür auf und ab gehen, wenn ich auf jemanden warte, und warum sollte ich keine Lust haben, mich von anderen zu unterscheiden, die sonst auf und ab gehen! Sie hängen mit meiner Umgebung, meinen Bewegungen, meiner Wäsche, meinen Vorstellungen, Ablehnungen zusammen, und ich sehe sie, wenn ich sie sehe, mehr als deutlich, was für sie dann angenehm ist. Darum gehe ich einen Schritt weiter und frage, ob es sich auf der anderen Seite ganz sicher um Frauen handelt.

Robert sagte, ich sollte das alles vergessen, diese Frauen gebe es gar nicht, sie seien nicht vorhanden, wozu auch, es handle sich um eine Gerüchteküche, auch jene Straßen, die Filme, die Leuchtschriften seien bloße Erfindungen. Er wüßte nicht, wem sie helfen könnten. Am besten vergessen wir die falschen Vorstellungen und alle beunruhigenden Einbildungen. Es gebe eine Menge von verdrehten Geschichten, die erfunden wurden, um etwas zu vertuschen, wir können die Geschichten einmal zusammenzählen, sagte er, dann ist er unter seinen Pelzmantel gekrochen, und unter dem schauen die Beine hervor.

JOHANN PETER UZ

Ein Traum

O Traum, der mich entzücket!
Vom schönsten Traum berücket,
Lag, sorglos hingestrecket,
Ich, durch's Gebüsch verdecket,
Das einen Teich, der silbern floß,
Im schattenvollen Tal umschloß.

Da sah ich durch die Sträuche
Mein Mädchen bei dem Teiche:
Das hatte sich zum Baden
Der Kleider meist entladen,
Bis auf ein untreu weiß Gewand,
Das keinem Lüftchen widerstand.

Nun hob mit Jugendfeuer
Die schöne Brust sich freier:
Mein Blick blieb lüstern stehen
Bei diesen regen Höhen,
Wo Zephyr unter Lilien blies
Und sich die Wollust küssen ließ.

Sie fing nun an, o Freuden!
Sich vollends auszukleiden:
Ach! aber eh's geschiehet,
Erwach' ich, und sie fliehet.
O schlief ich doch von neuem ein!
Nun wird sie wohl im Wasser sein.

STEFANIE MENZINGER

schlangenbaden

Den ersten Mann, der mich nackt sah, hatte ich mir ausgesucht.

Es war gegen Ende Oktober vor mehr als zehn Jahren, und ich erinnere mich, daß es damals noch unversehens eine Reihe von schönen Tagen gab. Ich packte mein Fahrrad aus dem Abstellraum unseres Hauses und fuhr, es war verhältnismäßig früh, in Richtung Schelmengraben und weiter nach Frauenstein hinab. Dort rastete ich, zwischen Kirschbäumen stehend sah ich auf das eisiggraue Band des Rheines, bevor ich die Straße nach Martinsthal entlangfuhr, um von dort den kräftezehrenden, sich lang hinziehenden Anstieg nach Schlangenbad zu nehmen.

Es waren damals Herbsttage, wie sie nicht oft kommen.

Als ich endlich mein Rad entlang der Hauptstraße des kleinen Kurortes schob, hörte ich vom Park her einzelne Patienten auf Krücken über die geschotterten Wege rascheln, andere sah ich verteilt auf den Bänken sitzen und die warme Nachmittagssonne genießen. Eine Gruppe alter Frauen stieg gebückt die Treppen zum Felsenburg-Café hinab. Das gleiche Ziel schien eine Familie zu haben, die sich um einen Rollstuhl sammelte, um dessen Lenkung sich die zwei Enkel stritten.

Dann hatte ich den Ort bereits durchfahren und war an seinen Ausgang gelangt, dort wo die Straße sich aus dem Tal heraus aufwärts und ins nächste Dorf zu schlängeln beginnt. Es war warm. Die Sonne schien ja noch alle Tage. Der Himmel aber war von einer süßen, kränkelnden Bläue, so als müsse nun morgen und endlich die Frist ablaufen und das Wetter umschlagen.

Ich dachte kurz an die Felsenburg und einen Kaffee, an Umkehren, und hatte das Fahrrad bereits gewendet, als ich, von Sträuchern fast verdeckt, ein Schild, abgenutzt und etwas verblichen, entdeckte. Ganz gut lesbar stand da etwas von »Pension« und »fl. Wasser« und endlich auch »Kaffee«.

Ich stellte mein Rad an die gestutzte Hecke, schloß ab und trat über einen Kiesweg zu einer Tür, die nicht offenstand, aber dem Druck sogleich nachgab. Es schien ein recht stilles Café. Auch auf dem Flur zeigte sich niemand, und ich stand und hörte, wo das Gastzimmer sei. Dann ging die Tür auf, und in ihr erschien ein junger Mann. Ich habe nicht vergessen, wie er aussah. Seiner Sporthose wegen glaubte ich damals, er käme vom Sportplatz und könne unmöglich der Kellner sein. Auch heute noch kann mich die Kleidung des jungen Mannes verwirren, der damals einen Schritt in meine Richtung machte und dann vor mir stehenblieb. Ich wurde unsicher und sagte stotternd: »Wenn es geht, so möchte ich gerne einen Kaffee trinken.«

Er wiederholte die Wendung »einen Kaffee trinken« und sprach es aus, als wäre dies zwar abwegig und doch auch wieder nicht, sagte dann »bitte« und ging vor mir her einen Flur entlang. Ich konnte nicht viel erkennen, weil der Gang bis auf eine kleine Öffnung am Ende fensterlos war. Es gingen aber viele Türen von ihm ab, die Nummern trugen, woraus ich schloß, daß man die Zimmer dahinter mieten könne. Im Vorübergehen sah ich auf einem Tischchen einen kleinen Neger stehen, sehr ähnlich dem, den ich kürzlich in einer Geschichte beschrieben fand, und ich wunderte mich.

Es war düster, und unsere Schritte konnte man auf dem dicken Läufer, dessen verschwommenem Muster ich mit den Augen folgte, kaum hören. Seine weißen Segeltuchschuhe und Socken leuchteten hell; und ich erinnere mich, wie ich die Waden entlangwanderte, die Oberschenkel hinauf zu den schwarz eingefaßten runden Backen. Er öffnete dann eine Tür und ließ mich eintreten, entfernte sich aber sogleich wieder, indem er die Tür hinter sich schloß.

Ich nahm dann erst einmal Platz. Obwohl ich sonst keinen Gast sah, und ich hätte wählen können, setzte ich mich auf den ersten Stuhl, gegen den ich stieß, dann erst blickte ich mich offen um. Es sah nicht aus wie in einem Café. Ein hohes Zimmer, und auch hier Teppiche, und lang herunterhängende steife Gardinen, die wenig Licht hereinließen. Es gab nur zwei oder drei Tische von verschiedenen Formen, und alle Stühle waren gepolstert. Zwischen den drei hohen Fenstern hingen Bilder, auf denen die Frauen lange weiße Kleider und kleine Sonnenschirme trugen, während sie durch eine lichtdurchflossene Landschaft schlenderten. Ich war dann, glaube ich, aufgestanden, um mir einen pfeiferauchenden Kavalier aus der Nähe zu betrachten, als die Tür sich leise öffnete und der junge Mann das Zimmer wieder betrat. Ich sah, daß er sich jetzt eine schwarze lange Hose übergezogen hatte, was ich im stillen bedauerte. Er trug ein Tablett vor sich her, und von dem Tablett nahm er Tasse, Löffel, Kännchen und eine große Dose mit Zucker. Er setzte das alles vor mich hin und ging dann weiter durchs Zimmer, schob von einem der Fenster den Vorhang zur Seite, sperrte einen Fensterflügel weit auf und zog dann den Vorhang wieder an seine alte Stelle zurück. Seine Bewegungen waren still und ernst, sonderbar geschmeidig und gefroren zugleich nahm er das Tablett unter den Arm und verschwand wieder durch die Tür.

Ich setzte mich jetzt und schenkte mir ein, trank hintereinander ein paar Schluck, bevor ich mich zurücklehnte und durch jenes Fenster sah, welches der junge Mann geöffnet hatte.

Das Fenster ging in einen parkartigen Garten hinaus, der unbetreten und unfreundlich aussah; ganz anders als lichtdurchflossene Alleen, auf denen die Frauen und Männer, die ich gerade eben noch betrachtet hatte, eingehakt gingen. Der Garten lag im Schatten, denn offenbar traf die Sonne diese Seite des Abhanges nicht mehr. Ja, es stand, wie ich sah, sogar etwas wie ein dünner Nebel zwischen den Stämmen. Auch waren die Bäume schon fast kahl, und ein paar Blätter sah ich zu Boden fallen. Hinter einem der Stämme sah ich einen bärtigen Mann, der mir zugrüßend seinen Zylinder hob.

Ich streckte, wie ich mich erinnere, die Hand wieder nach der Kaffeekanne aus. Als ich mir eingoß, merkte ich, daß mir die Finger ein wenig zitterten, obgleich ich doch an Kaffee gewöhnt war und auch erst wenig getrunken hatte. Ich saß da und trank von dem Kaffee in kleinen Schlucken. Ich stand dann nicht mehr auf, um umherzugehen. Ich vermied es auch, nochmals aus dem Fenster zu schauen. Ich strich bloß durch meine Haare, betrachtete meine Finger oder schloß für die Dauer meiner kleinen Schlucke die Augen. Dabei mußte der junge Mann wieder ins Zimmer gekommen sein. Denn er stand plötzlich vor mir, während er die lange schwarze Hose zusammengefaltet in der einen Hand trug, fragte er mich, ob ich noch etwas wünschte. Ich habe, vermute ich heute, an eine ferne Tante gedacht, von der man sich seltsame Dinge erzählte, als ich ihn darum bat, er möchte mich ausziehen und meine Kleider genau so zusammenfalten wie diese Hose, auf die ich deutete, während ich sprach.

Er ging dann wieder voran. Einen Moment lang störte es mich, daß das Geschirr in dem ansonsten aufgeräumten Zimmer zurückbleiben sollte. Aber dann vergaß ich es doch; als der junge Mann eines der vielen Zimmer, die von dem düsteren Flur abgingen, aufschloß, hatte ich es bereits vergessen. Er trug, wie ich sah, einen Bund mit vielen Schlüsseln in der Hand, und warum er sich ausgerechnet für dieses Zimmer entschlossen hatte, wußte ich nicht. Es war ein langgezogener Raum, dessen Helligkeit mich nach der Düsternis des Flures überraschte. Die rötliche und schon etwas verblichene Tapete leuchtete hell unter der Abendsonne, und auf dem mit einer geblümten Tagesdecke überzogenen Bett lag ein körpergroßer Lichtfleck.

Der junge Mann legte den Schlüsselbund und die Hose auf die in einer Ecke stehende Kommode.

Dann bückte er sich. Er begann bei den Schuhen. Ich trug unauffällige, feste schwarze Schuhe, deren Schnurbändel er löste und aufzog. Ich stützte mich dabei auf seine Schulter, während ich erst den einen Fuß, dann den anderen anhob, zog er mir die Schuhe aus, hielt dafür kurz meine Fersen gepackt und stellte die Schuhe dann vor die Kommode nebeneinander ab. Er rollte die Strümpfe hinunter; und ich spürte, daß der Teppich unter den Sohlen warm war. Dann stand er auf. Er war nicht viel größer als ich, wie ich beim Blick in seine Augen bemerkte. Ich trug eine Hose, eine rostfarbene Stoffhose, die sich gut zum Radfahren eignete und die ich deshalb immer auf meinen Ausflügen trug.

Er knöpfte sie auf, ließ den Reißverschluß hinunterlaufen und zog die Hose langsam über meine Oberschenkel bis zu den Knien hinab. Dann bückte er sich wieder, ich sah die Rückgratknöchel sich heben, um die Hosen über meine Knie zu ziehen, zu den Füßen hinunter, wo sie sich bauschten; bevor ich wie aus einem Sumpf mit langen Beinen aus ihnen hinausstakte, war ich mir fremd und sah den jungen Mann die Hose aufschütteln, und wie er sie zusammenfaltete, sah ich auch.

Den Slip brauchte er bloß anzuschubsen, ihn über die Flanken zu stoßen, dann rollte er schon von selbst hinab, so dünn war ich damals, stoppte bei den Füßen, die ich kurz – mit der Bewegung vertraut – hob. Wieder bückte er sich, nahm die kleine, noch körperwarme Hose und legte sie vorsichtig als sei sie ein Vogelei auf die Kommode.

Er öffnete dann die Knöpfe meiner Bluse. Es waren große Knöpfe, die sich gewöhnlich sträubten, aber seiner Hand gehorchten sie; ohne Umstände zu machen, zog er die Bluse aus, hängte sie über einen Bügel an einen der Haken am Schrank. Ich trug damals ein Unterhemd – er zog es mir über den Kopf. Dann bat er mich, auf dem Bett Platz zu nehmen. Und ich setzte mich in den kleiner werdenden Sonnenfleck hinein. Dort saß ich, während der junge Mann vor dem Bett stand und mich betrachtete. Dann verschwand er und kam nach langer Zeit mit einer Kanne frischgebrühtem Kaffee und zwei Tassen zurück. Er trank im Stehen; während ich meine klammen Finger um die heiße Tasse schloß, sagte er, daß ich mich nun langsam wieder anziehen könne.

Als die Venus neulich saße
In dem Bade nackt und bloß
Und Cupido auf der Schoß
Von dem Liebeszucker aße,
Zeigte sie dem kleinen Knaben
Alles, was die Frauen haben.

Marmelhügel sah er liegen,
Von Begierden aufgebaut;
Sprach zur Mutter überlaut:
Wann werd ich dergleichen kriegen,
Daß mich auch die Schäferinnen
Und die Damen liebgewinnen?

Venus lacht aus vollem Munde
Über ihren kleinen Sohn,
Denn sie sah und merkte schon,
Daß er was davon verstunde.
Sprach: Du hast wohl andre Sachen,
Die verliebter können machen.

Unterdessen ließ sie spielen
Seine Hand auf ihrer Brust,
Denn sie merkte, daß er Lust
Hatte, weiter nachzufühlen,
Bis ihr endlich dieser Kleine
Kam an ihre zarten Beine.

Als er sich an sie geschmieget,
Sprach er: Liebes Mütterlein,
Wer hat an das dicke Bein
Euch die Wunde zugefüget?
Müßt ihr Weiber denn auf Erden
Alle so verwundet werden?

Venus konnte nichts mehr sagen
Als: Du kleiner Bösewicht,
Packe dich, du sollst noch nicht
Nach dergleichen Sachen fragen.
Wunden, die von Liebespfeilen
Kommen, die sind nicht zu heilen.

HUGO DITTBERNER

Eine kalte Nacht

Ich will mich kurz fassen.

Als ich im Sommer 1965 in den Semesterferien arbeitete, lernte ich Renate kennen. Ich hatte einen Job bei der Deutschen Grammophon Gesellschaft in Hannover bekommen, als Aushilfe im Urlaub, und arbeitete in den verschiedensten Abteilungen, meistens in der Packerei.

Eines Tages wurde ich der Stempelkolonne zugeteilt. Ich fuhr mit dem Fahrstuhl bis in das oberste Stockwerk, und irgendwo auf dem Dachboden, hinter ein paar Säulen fand ich sie. Die Stempelkolonne bestand aus fünf Leuten, die an drei alten Schreibtischen auf Plattenhüllen ein »R« stempelten, dann die Platten aus den Hüllen zogen und auch auf die Platten ein »R« stempelten. Das »R« hieß »Remittende«, und es sollte die Platten kennzeichnen, die aufgrund von Reklamationen der Händler und Kunden zurückgeschickt worden waren. Die Firmenleitung wollte diese Platten nicht einstampfen lassen, weil meistens nur ein kleiner Defekt vorlag, beim Auslauf oder bei einer Nummer auf einer großen LP. Die »R«-Platten wurden entweder billiger verkauft, an Betriebsangehörige und Großhändler, oder sie wanderten in die Kartons mit Leihplatten, die jeder Betriebsangehörige für vier Wochen ausleihen kann.

Die fünf Leute waren drei Frauen und zwei Männer. Maria, eine vierzigjährige Frau, war der Boß. Sie saß an einem Schreibtisch mit Martin, der fast sechzig sein mußte und völlig fertig war. Er hing über dem Schreibtisch und mußte auf seine Spucke aufpassen, die sich immer in seinen Mundwinkeln sammelte. Er machte nur den Mund auf, um eine Sauerei vom Stapel zu lassen, am liebsten über alte Frauen, die es mit Hunden treiben. Am zweiten Schreibtisch saß Marina, eine Frau Mitte Dreißig, schwarzhaarig, aber gefärbt, über und über geschminkt und mit den größten Lidschatten, die ich jemals gesehen habe, und Wolfgang, Student wie ich, etwas älter, Jurastudent.

Am dritten Schreibtisch saß Renate, und ihr gegenüber war ein Platz für mich. »Jetzt sind wir komplett«, sagte Maria, und alle lachten, als wäre das was Unanständiges. »Ich heiße Rolf«, sagte ich. Maria stand neben mir und stellte mir die anderen vor. Zuletzt kam sie zu Renate, ich fand, es war etwas Geringschätzung in ihrer Stimme, als sie den Namen nannte. Renate war Anfang Zwanzig. Sie hatte rotes Haar, helle Sommersprossen im Gesicht und eine stabile, ein bißchen eckige Figur. Auch ihre Wimpern waren hell, aber als ich mich ihr gegenüber hinsetzte, sah sie auf, und ich war froh, daß sie schöne Augen hatte: dunkelblau, mit einem kleinen Silberblick, so daß ich von einem Auge zum anderen sehen mußte.

Maria zeigte mir, wie und wohin ich zu stempeln hatte, auf welchen Stapel die deutschen Schlager kamen, auf welchen die englischen, auf welchen die klassische Musik und die Literatur auf Platten. »Weißt du«, sagte sie, »es wäre einfacher, wenn einer die Hüllen stempeln würde und der andere dann die Platten. Aber wir sind alle so unterschiedlich schnell. Wir müssen uns erst wieder erholen. Ich hatte einen Herzinfarkt, die Marina eine Fehlgeburt. Und die Renate einen Unfall an der Presse, obwohl das schon länger her ist. Und der Martin ist sowieso schon scheintot, was, Martin?« Sie ging rüber zu ihm und tätschelte ihm die Schulter, während alle lachten.

Es herrschte eine unglaublich geile Atmosphäre, wie ich sie in keiner anderen Abteilung bisher erlebt hatte. Das Wort führte meistens Marina, die in gedrechselter Sprechweise Schweinereien von sich gab. Sie sprach von Wolfgangs Hosentürlein, von seinem Werkzeug und was man damit alles auf einer Hollywoodschaukel machen kann. Wolfgang saß da, gutaussehend und mit einem überlegenen Lächeln, was blieb ihm auch übrig, dachte ich. Er war dafür ziemlich faul und ließ Marina die Arbeit tun.

Die Arbeit hätte ein Blinder mit einem Krückstock beherrscht oder eine primitive Maschine, aber da wir beides nicht waren, fiel es auf die Dauer schwer, auch wenn man es nicht merkte. Weil man die Gedanken nicht beieinander halten konnte und mit den Augen in dem staubigen Raum umherirrte, über die Plattenstapel und hin zu den blauen Kitteln der Frauen, die in der Hitze unter dem Dach teilweise aufgeknöpft waren, so daß man in der staubigen Helligkeit das Fleisch und die Unterwäsche leuchten sah.

Die Zeit schlich dahin. An jedem Schreibtisch tat einer die Arbeit: Maria, Marina und ich, denn Renate war tatsächlich sehr langsam. Sie nahm sorgfältig eine Platte nach der anderen, wendete sie um, stempelte, zog die Innentasche heraus, zog die Platte heraus, wendete sie, stempelte, tat die Platte zurück in die Innentasche, die Innentasche in die Hülle und legte das Ganze auf einen der Stapel. Alles ohne den Blick zu heben. Erst nach einiger Zeit merkte ich, daß sie die Namen und Titel las: Peter Alexander und Catarina Valente, René Carol und Rudi Schuricke, Buddy Holly und Louis Armstrong, und eine Unzahl von Titeln, die ich alle vergessen habe. Und ich hatte gedacht, sie sei noch von ihrem Unfall so beschädigt, daß sie nicht schneller konnte! Erst wollte ich ärgerlich werden, aber dann schluckte ich den Ärger, wer weiß warum, hinunter.

Nach Feierabend mußte ich als Neuer einen ausgeben. Wir gingen in die Kneipe gegenüber. Sie hieß »Die Schallplatte«. Es war staubig gewesen auf dem Dachboden, wir waren durstig, und schnell wurden aus einem Bier viele. Irgendwann verschwanden Maria und Martin, während Marina und Wolfgang, Renate und ich weiterfeierten, was, wußten wir alle nicht. Marina fummelte an Wolfgang herum, und die ganze Kneipe begann von Geschrei und Gelächter zu wogen.

»Jetzt hat die Renate doch endlich auch jemand«, sagte Marina immer wieder zwischendurch. »Nun müßt ihr euch endlich näherkommen.«

Und um kein Spaßverderber zu sein, legte ich Renate einen Arm um die Schulter, ohne daß sie sich wehrte.

Nach Mitternacht fuhr mich Renate in ihrem Auto nach Hause. Vor der Haustür, bei laufendem Motor, als ich mich zu ihr wendete, um auf Wiedersehen zu sagen, passierte es. Halb rutschte ich aus, halb war es Gewohnheit in einer solchen Sommernacht, ein bißchen waren es ihre schönen blauen Augen, die so unkonzentriert waren. Ich küßte sie, und wieder wehrte sie sich nicht. Es ist deine erste Proletarierin, zuckte es mir durch den Kopf, während ich ihre rauhen und ungeübten Lippen spürte. Sie saß steif da und atmete nur heftiger, als ich ihr die Bluse aufknöpfte. Ihre Brust war nicht hart, was ich fast als Demütigung empfand. Ich begann, sie zu streicheln. Plötzlich fuhr ich über eine schorfige Stelle. Ich zuckte zurück.

»Was hast du denn da?« fragte ich.

»Das ist von einem Amulett«, sagte sie entschuldigend. »Ich habe eine zu empfindliche Haut.«

»Nimmst du die Pille?«

Sie schüttelte den Kopf, vielleicht wurde sie rot, aber das konnte ich im entfernten Dämmerlicht der Laternen nicht sehen. Immer noch lief der Motor. Ich hatte keinen Fromms dabei, und es würde sich nicht lohnen zu versuchen, mit ihr am Schlafzimmer meiner Eltern vorbei in mein Zimmer zu schleichen.

Aber es war eine Sommernacht. Ich nahm ihre Hände, sie waren groß und rauh. Ich legte sie auf meine Hose, doch sie zog sie zurück. Es war eine der ersten Cordjeans, und sie lag über meinen Schenkeln, sanft und empfindlich wie eine zweite Haut. Ich sah zu ihr hinüber. Sie saß dort wie bestellt und nicht abgeholt: mit geöffneter Bluse, die Hände im Schoß, geradeaus auf die Scheibe sehend. Was sollte ich tun?

Ich streichelte ihr Haar und erzählte allerhand aus meinem jungen, schnellen Leben. Daß ich sogar eine Zeitlang Missionar werden wollte, nachdem ich vor ein paar Jahren zufällig in einem Missionszelt der Inneren Mission die Predigt eines Missionars gehört hatte. Doch dann wurde dieser Missionar für zwanzigtausend Mark im Monat Public Relations Manager bei einem amerikanischen Konzern, und ein paar Monate später verunglückte er sogar tödlich. Sie saß mucksmäuschenstill da und hörte mir zu, wie vielleicht nie wieder jemand in meinem Leben. Irgendwann stellte sie den Motor ab, und ich erzählte immer mehr, von mir, von meinen Ansichten, von meinen Erlebnissen. Die Scheiben beschlugen, und es wurde kalt im Auto, aber wir konnten keinen Abschied finden.

Und als ich um halb sechs aus ihrem Auto stieg und der neue Tag schon mit einem neuen Sonnenschein angebrochen war, wußte ich immer noch nicht, ob sie mir verziehen hatte.

Ilse

Ich war ein Kind von vierzehn Jahren,
Ein reines, unschuldsvolles Kind,
Als ich zum erstenmal erfahren,
Wie süß der Liebe Freuden sind.

Er nahm mich um den Leib und lachte
Und flüsterte: Es tut nicht weh –
Und dabei schob er sachte, sachte
Mein Unterröckchen in die Höh'.

Seit jenem Tag lieb ich sie alle,
Des Lebens schönster Lenz ist mein;
Und wenn ich keinem mehr gefalle,
Dann will ich gern begraben sein.

THOMAS LEHR

Frühe Lieben

Allein

Was war ich, in der Zeit vor Stella? Heute würde ich sagen: philosophisch gesehen ein nachlässiger Solipsist, moralisch im Stadium der Unschuld und psychologisch ein vierjähriger Tyrann, ein griesgrämiger sechsjähriger Greis, ein einsamer Soldat zwischen meinem achten und zehnten Lebensjahr. Noch mit elf brauchte ich niemandes Körper, um vollendet zu sein. Einige Süßigkeiten und ein Buch genügten, oder ein Nachmittag mit Freunden im Gestrüpp der Auwälder.

Natürlich ist das zu einfach gesehen. Ich greife zurück, ich will ganz früh ansetzen. Meine Erinnerungen an die Blütezeit des Ödipuskomplexes sind jedoch so schlecht, daß ich ihn noch heute für eine Erfindung häßlicher Mütter halte.

Spannender sind schon die Doktorspiele. Leider waren meine Orgien unter medizinischem Vorwand nicht sehr exzessiv. Ein einziges Mal sehe ich etwas weich Gespaltenes, Marsh-mallowhaftes über einer heruntergezogenen roten Strumpfhose. Es hat einen süßlichen Geruch, fast wie Urin, aber auch besser; es drängt die Vorstellung eines kleinen, nicht ganz sauberen Verstecks auf, dem Bauchnabel ähnlich oder einer geheimen, aus Teig geformten Tasche. Das Wort *Ficken* steht damit in einem undeutlichen Zusammenhang und verbindet sich auch mit den Grashalmen, mit denen wir uns kitzeln. Es ist klar, daß wir Todsünden begehen. Wir haben in kopfhohen wilden Gräsern Mulden ausgeformt, die zu Wohn- und Schlafzimmern erklärt werden. Einmal stelle ich mir vor, uns von oben zu sehen, sechs oder sieben Kinder im wilden Pflanzenschaum; über uns schwebt der Zorn unserer Eltern, der Kirche, der Schule und doch auch nur der taubengraue fließende Sommerhimmel mit seiner grenzenlosen Diskretion.

An die Mädchen im Gras erinnere ich mich nur sehr schwach. Ich weiß noch, daß sie unterschiedlich waren, jede ausgestattet mit einem eigenen Reiz, der es schwer machte, sich ausschließlich der einen oder anderen zu verschreiben.

Häufiger bildeten wir reine Männergesellschaften, die sich mit Weitpinkeln und Längenvergleichen oder dem Rösten von Weinbergschnecken beschäftigten. Rätselhafte Witze spielten eine große Rolle. Ihre eigentliche Beunruhigung bestand in der Vermutung, daß derjenige, der den Witz erzählte, womöglich genauer wüßte, worüber hier zu lachen war. (Der Deutsche, der Amerikaner und der Russe erinnern sich an ihre Frauen, wobei die Erinnerung des Russen bis zum Ellbogen reicht. Na und? – *Wie viele Juden passen in einen VW? – Mama, ich will nicht nach Amerika! Halt's Maul, schwimm weiter.* Und *Adenauer, Chruschtschow und Churchill* ... Nonnenwitze, Pfarrerwitze, Judenwitze, Hurenwitze. Das Spiel *Reise nach Jerusalem*, bei dem es immer weniger Stühle gibt – erst nach Jahren fiel mir auf, wie zynisch die Bezeichnung war, und zu welchem Exodus das Kind, das nach Amerika schwimmen mußte, gehörte. Die Tabus, von ganz unterschiedlichen Instanzen erstellt, verschränken sich im gleichen Raum, und für die Erbärmlichen trennen sie sich nie.)

Wenn die Mädchen dabei waren, gab es keine Witze, sondern es ging um Liebe, ein spezielles Metier wie Gummi-Twist oder Häkeln, von dem nur sie etwas verstanden. Sie kannten ein Dutzend Abzählreime mit der Klimax verliebt, verlobt, verheiratet. Nie war so recht zu begreifen, worauf es ankam; aber oft gewann bei ihren Spielen derjenige, der bereit war, das meiste Geld für seine Schöne auszugeben. Das Geld existierte ebensowenig real wie der ausgesetzte Preis, ein Verschwinden im Gebüsch.

Dennoch gestand ich einmal im Beichtstuhl, dessen frischer Holzgeruch mit dem priesterlichen Weinatem ebenso unauflösbar verschränkt blieb wie lange Zeit das Ficken mit dem Duft von Wolfskraut und Schafgarbe, daß ich *unkeusch* gewesen sei. Ich ersparte mir die Präzisierungen des Beichtspiegels (einmal, zweimal, mehrere Male; in der Tat, im Gedanken, allein oder zu zweit; mit dem Mund, der Hand oder dem Arschloch), da ich ohnehin mit einem Skandal rechnete. Indessen wurde mir die übliche Latte von Gebeten aufgebrummt, ohne daß ich die faszinierenden Details erfuhr, die sich hinter der *Unkeuschheit* verbergen mußten.

Aus der kurzen Phase der Doktorspiele nahm ich die Überzeugung mit, daß mit Mädchen meines Alters wenig anzufangen war. Die ideale Gefährtin mußte entweder älter sein oder erfunden werden. Da nicht feststand, wozu man sie überhaupt brauchte, rückte das Thema in einen schwierigen Grenzbereich. Es ergriff mich wie das Bild *Sehnsucht*, das in der Toilette meiner Großeltern hing: Zwei Bauernmädchen sahen von einer Bank unter einem gemauerten Torbogen aus in eine abendlichtgeölte alpine Weite. Irgendwie verstand ich, was in ihren runden Gesichtern vorging, und irgendwie gehörte das Bild auf die Toilette, wo sich der Körper in Lust und Einsamkeit öffnete.

Bedauerlicherweise waren mein Freund Jürgen und ich die einzigen in unserer Straße, die aufs Gymnasium kamen. Mit dem Schulwechsel nämlich verschwanden die Mädchen der Umgebung für lange Zeit. Marina zum Beispiel, die mir gegenüber in der weiblichen Hälfte des Klassenzimmers gesessen hatte. Sie war mit dem Bild *Sehnsucht* verwandt. Ich spürte ein merkwürdiges Ziehen im Körper, wenn ich sie sah, und es erschien hoffnungslos, mit ihr ein Wort zu wechseln. Marina hatte einen aufregend komplizierten Nachnamen, der ebenfalls mit M begann. Ihre Eltern besaßen ein kleines Schuhgeschäft, an dem ich manches Mal nach der Schule vorbeiging, in der Hoffnung, ihr aufzufallen. Es gab in jenem Geschäft leider eine zu geringe Auswahl, um meine Mutter überreden zu können, mir dort Sandalen oder Halbschuhe zu kaufen. Was ich in dem Geschäft hätte anfangen wollen, um Marina zu beeindrucken, konnte ich nicht genau sagen; ich schwankte zwischen dem Gebaren eines arabischen Prinzen und einem durch Erich Kästners Romane inspirierten, tränentreibenden Arme-Leute-Auftritt, die nur einmal in den Genuß des Anblicks und Geruchs frischen Schuhwerks kommen wollten und dann traurig den Laden wieder verließen.

Nach dem Eintritt ins Gymnasium sollte es noch sechs Jahre dauern, bis ich Stella kennenlernte, mit der doch eigentlich alles erst zu beginnen scheint. Aber sie betritt ein Minenfeld, sie stößt auf einen gleichsam virtuellen Casanova, der ganze Bände nicht und halb gelebter Memoiren in sich trägt.

Es gibt keine Ada in meinem Leben. Man erinnert sich: die frühe und lebenslange Gespielin, die absolut gleichrangig, absolut rätselhaft, mitfühlend in jeder Pore mit deinem erigierten Körper zu denken scheint und aus deinem Geist einen erigierten Körper formt, der stets Resonanz und neue Verlockung findet – ohne Ende, wenigstens bis zum Klimakterium.

Manchmal denke ich, daß ich nur Pech hatte. Und dann wieder sehe ich meine Schuld, weil es mir nie gelungen ist, Ada zu erwecken, sondern nur Stella, mit der es keine Zukunft gab.

Die Pilzesammlerin

Mit klopfendem Herzen, eine pflichtschuldige Naivität vortäuschend, die die Verkäuferin eines SPAR-Lebensmittelmarktes glauben machen soll, ich erledige nur eine Besorgung für einen proletarischen Vater, erstehe ich ein Exemplar der *Wochenend* für 80 Pfennige, aus Tarnzwecken noch mit einer Flasche Bier kombiniert, die ich dem nächstgelegenen Mülleimer überantworte.

Ich begreife genau das Billige und Enthemmte dieses Schrittes. Zum Teil ist es mir bereits bekannt, da es mir in der plötzlich weit entrückten und wie versiegelten Phase meiner lesenden Kindheit verboten war, Comic-Hefte zu kaufen oder auch nur auszuleihen, und doch *Tarzan, Tibor* und *Prinz Eisenherz* im leicht versteckbaren Format eines Hundertmarkscheins zu mir gefunden hatten. Das *Wochenend*-Heft wandert unter meinen Pullover, huscht in mein Kinderzimmer, schiebt sich nach Sekunden panischer Ratlosigkeit, in denen es wie ein Brandpflaster auf meiner Brust klebt, zwischen Lattenrost und Matratze meines Bettes. Dort ruht es für zwei Tage unberührt und aller objektiven Verborgenheit zum Trotz durch eine Art Strahlung mit mir verbunden; phantastische Apparate, die mein schlechtes Gewissen in Serie erfindet, drohen diese Strahlung für andere sichtbar zu machen. Aber es muß etwas geschehen – mit mir, mit meinem seit geraumer Zeit schon zu guter Wiener-Wurst-Dicke angewachsenen Organ, das sich in Windeseile mit einem Haarsaum versehen hat. Man hörte von speziellen Methoden und Genüssen, zu undeutlich meist oder etwas zu deutlich wie im Falle der auf der Innenseite mit Margarine behandelten Clopapierrolle.

Wie gehen es die heute Dreizehnjährigen an, die durch die Pornovideos ihrer Väter ins Reich der Notwendigkeit gestoßen werden? Brüste gab es seit einiger Zeit schon am Kiosk, Schamhaare jedoch nie, zumindest nicht auf den Titelblättern. Eine dritte Nacht sollte das Geheimnis unter meiner Matratze nicht überstehen. Zitternd, mit wunderlichen Gefühlen des Rechts und des Unrechts, zog ich mich aufs stille Örtchen zurück. Ich setzte mich wie zum Defäkieren, da ich auf alles gefaßt sein mußte, und begann, die Seiten zu wenden. Ein neuer Geruch, der von druckfrischem Illustriertenpapier, intensiver als der gerade gekaufter Bücher, verband sich mit den stillen Genüssen. Die Fotografien auf den Innenseiten des Heftes reichten drei Zentimeter tiefer als die Aufnahme des Titelblattes. Kleine billige Wunderwerke der Schamlippenkastration breiteten sich unter meinen nackten Knien aus. Ich sah Frauen wie pralle, nicht aufgebrochene Früchte, durch und durch konvex, die mir eine große Bewunderung abnötigten. Die geringen Unterschiede ihres Alters, ihrer Figur, ihrer Posen verliehen ihnen das Uniforme einer Damenmannschaft für eine Spezialsportart, die die weichsten Körperpartien anschwellen ließ und die Gesichter puppenhaft verflachte. Ihre Disziplin war nicht recht ergründlich. Sie kamen wohl davon her oder gingen darauf zu. Im Grunde verrieten sie gar nichts, ja sie enttäuschten sogar, da sie in der Wirklichkeit nicht vorkamen und ihre schematische Nacktheit etwas Abweisendes und Aufgepumptes hatte, das nirgendwohin führte.

Entführt wurde ich erst von einem mit *Die Pilzesammlerin* überschriebenen Text. Ich hatte schon des öfteren Pilze gesammelt, und noch einmal kehrte das Leder N'schotschis und Emma Peals wieder, in Gestalt eines roten Minirocks, den der Verfasser des Erlebnisberichts (selbst die Form der Aufzeichnung war mir bekannt) langsam an den Oberschenkeln der Sammlerin in die Höhe schob. Moos- und Tannennadelduft umfing mich; ich spürte dem materialen Gegensatz von Waldhumus und empfindlicher Pilzkappenhaut nach, während das Leder millimeterweise zurückwich, die Sammlerin seufzte und kleine Ästchen unter dem Gewicht der Körper zersprangen. Und endlich fiel, aufklaffend und roh, der alles entscheidende Satz: *Sie hatte viel Holz vor der Hütte!* – Dutzende und Hunderte Male las ich ihn wohl. Er brachte mich weiter voran als alles bislang Dagewesene, weiter sogar als das Herabrutschen an den Kletterstangen. Etwas Ungeheures geschah, direkt vor mir auf dem Waldboden, und ich war dabei, atemlos, gebannt, verflucht, da ohne Ausweg.

Nach ungezählten Walderkundungen und Holzschauen hatten sich die Spiralfedern meines Matratzenrostes unauslöschlich in das Papier der Illustrierten geprägt. Ich hatte zwei neue Probleme und eine große Befürchtung mehr. Das erste Problem erwies sich fernerhin als grundlegendes Dilemma der Erotik: der Waldboden verlor seinen Duft; der rote Lederrock wurde alltäglich; die Sätze, die mich zu Beginn so weit hinausgeführt hatten, erblindeten. Und immer wieder in meinem zukünftigen Männerleben sollte sich das zweite Problem bemerkbar machen, das der Entsorgung. Ich wußte noch nicht, daß dieses spiralfeder-gezeichnete Exemplar der *Wochenend* lediglich den ersten einer wohl infiniten Reihe von Enthemmungs-Gewöhnungs- und Schamzyklen bildete, die das pornographische Element im virilen Metabolismus vollführt. Mit siebenundzwanzig Jahren beseitigte ich eine Ausgabe der Reihe *Blue Climax* (die sich zu meiner *Wochenend* verhielt wie ein Faustschlag zu einem Tätscheln) aus meinem Arbeitszimmer, nachdem ich bei Lewis Carroll auf die Maxime gestoßen war, man führe nur dann das rechte Leben, wenn man jederzeit sterben könne, ohne sich auch nur einer seiner Hinterlassenschaften zu schämen. Das Gefühl, nun unter dem Teppich vor meinem Bücherregal, zwischen den Briefkuverts in meinem Schreibtisch, unter einem Pulloverstapel in meinem Kleiderschrank, hinter der Rohrverkleidung meines Badezimmers (alternativ, nicht summarisch, wohlgemerkt) nichts Anrüchiges mehr den stöbernden Nachkommen zu präsentieren, befreite mich stets, wie mir einmal die Beichte die Chance signalisiert hatte, nun weiterleben zu können wie ein Heiliger. Vor wenigen Monaten wurde mir auf einem Postamt beim Kauf einer

Telefonkarte keine Wahl gelassen: ein Pornoversand betrieb auf dem Plastikschildchen offene Werbung. In meinen aufkeimenden Protest mischte sich sogleich die Zerknirschung, und so mag es gedacht worden sein, als stille böse Nemesis der repressiven Entsublimierung, die schon längst im Fernsehen die Pornostars salonfähig gemacht hat.

Damals jedenfalls zerriß ich das Wochenend-Magazin, steckte die Schnipsel in eine Plastiktüte und wurde rein – für die ganzen folgenden fünf Jahre, bis mich Stella verließ.

Natürlich blieb die Befürchtung: etwas hinderte mich, etwas fehlte, eine unaussprechliche Krankheit lähmte meinen Hoden. In den Nischen des Gymnasiums formierte sich der Masturbationsclub, und ich konnte mein visköses Eintrittsgeld nicht entrichten.

Aber noch bevor ich in Niedergeschlagenheit verfiel, kam mir das Fernsehen zu Hilfe. Ich sah einen Bericht über die Fischzucht. Aus dem Leib eines Hechts, der sich dem Züchtergriff zu entwinden suchte – oder durch die schwarzen Gummihandschuhe seines Fängers eine überirdische Erregung an jeder Schuppe erfuhr –, schoß plötzlich ein dichter weißer Strahl. Der *Same*, hieß es. Es war die Erlösung. Endlich wußte ich, was da aus mir herausspritzen sollte, wie es aussah, welche Konsistenz es hatte.

Noch am gleichen Abend ergab sich die blinde Materie zwischen meinen Beinen und Händen dem Ansturm des erweiterten Bewußtseins. Fahrstühle und Achterbahnen, der Sprung von einem Kiesbagger in den auf mich zurasenden eigenen Schatten, das Rauschspiel, bei dem wir in die Knie gingen und lange ausatmeten, um uns nach dem raschen Aufrichten von einem anderen den Brustkorb einquetschen und in die rosafarbene Welt der Hyperventilation versetzen zu lassen – all diese Vorahnungen und Teilgenüsse schossen in einem neuartigen Sekundensturz zusammen. Ein chirurgisch tiefer Vorgang in meinem Abdomen geschah, ein Gott griff ein und durchtrennte die Membran. Wunderbar klar, schon in den Zuckungen, die sich durch meinen Kinderblick nicht stören ließen, sah ich mich als Bruder des Hechts und Herr einer perlweißen Substanz, die sich zwischen den Fingern zu Fäden spannen, spiralig verdrehen und wie Klebstoff rollen ließ. Dies war der Augenblick, die Welt herbeizurufen! Da sie in Reichweite nur aus meinen Eltern und meinen beiden Brüdern bestand, fieberte ich doch lieber der nächsten Zusammenkunft des Clubs entgegen und sehnte mich nach der Pilzesammlerin zurück, der ich nun endlich etwas mitzuteilen hatte.

RAINER KIRSCH

Petrarca hat Malven im Garten, und beschweigt die Welträtsel

Die Hände, manchmal, darf man gar nicht brauchen,
Nicht mal die Fingerkuppen. Vielmehr führte
Ein Lidschlag schon, der an ein Flaumhaar rührte,
Ratzbatz ins Aus, nichts bliebe, als zu rauchen –

So daß äußerstenfalles Quantensprünge
Der Pulsdichte oder des Atemdrucks
(Vielleicht auch einzig des Gedankenflugs)
Erwirken, daß das Innigste gelinge:

Nämlich indem wir, beieinanderliegend,
Indes durch feinste Scheiben Luft getrennt,
Die Lust in uns so reglos höher leiten,

Bis, weil kein Ich mehr, wo es ist, erkennt,
Wir wie unhandelnd ineinandergleiten;
Und malvenfarben dehnt sich der Moment.

ANGELA KRAUSS

Angelo

Als Kind füllte ich einen ganzen Karton mit abgeschriebenen Stiften aus Zedernholz. Siebenunddreißig winzige Stümpfe. Die kleinsten haben lange vorwitzige Spitzen, und die allerkleinsten, für die es bei den nächsten Schriftzügen zu Ende sein konnte, haben vor Gelassenheit runde Spitzen. Sie rollen im Pappkarton herum und riechen wie ein Klassenzimmer aus den sechziger Jahren in der Nacht, in dem Annelores Brüste auf der Bank eingeschlummert sind.

Als Kind habe ich siebenunddreißig Stifte zu Stümpfen geschrieben. Einhundert Briefe schrieb ich dem ersten Mann, der mich küßte. Nach dem Kuß wollte ich, daß er wußte, wer ich bin. So wie keinem Menschen wollte ich mich ihm zeigen; in einem Alter, in dem sonst Königskinder vergeben werden, faßte ich diesen Entschluß. Ich war Eisläuferin. Er war Römer. Das Briefeschreiben hielt ein Jahr an. Gegen Ende entging mir nicht, wie vom vielen Briefeschreiben in mir etwas entstand, das, je inbrünstiger ich schrieb, immer schwirrender, luftiger, durchsichtiger wurde, schließlich wirklich ungreifbar, ein bezauberter Geist, flüchtig wie die Figur, die der Schwerpunkt des tanzenden Körpers in der Luft beschreibt.

Nur einen Tag verbrachte ich mit dem römischen Jungen.

Träge war er, besonders im Gegenlicht, schön seine Beine: träge nach außen gebogen. Er stand da in italienischen Schuhen. Die Absätze wurden zum Boden hin schmaler, und die Spitzen zeigten weit nach außen, ziemlich frech, und wenn er saß, wiesen sie nach oben, als ob er die Zehen im Gehäuse der Schuhe hob. Davon waren auf dem Lackleder Falten entstanden, scharf, als wollten sie die Spitzen abschneiden.

Träge ging er, mit den Schuhspitzen nach außen und kleinen straffen Knittern in den Kniekehlen. Ein Zucken überlief sie, sobald ich hinschaute. Er balancierte auf einer bröckelnden Zementkante, auf einer Treppenstufe, auf dem kleinstädtischen Aufmarschplatz der berühmten Industrieregion. Ich schlug vor, den Friedhof zu besuchen.

Es war Hochsommer; ich kannte jeden Winkel auf dem Friedhof und die marmornen Gesichter, die durch die Wacholderbüsche guckten. Ich wußte die Biegungen, wo einem plötzlich ein Zug Trauernder gegenüberstehen konnte, wenn man mit der Schubkarre, über deren Rand die glitschigen Stengel der verwelkten Gebinde spießten, in die Kurve schießen wollte; ich verbrachte manche Ferientage bei den Gärtnerinnen.

Die Stadt war festlich mit Kosmodromen geschmückt, mit Schaukeln, die sich überschlugen und oben eine jähe Ewigkeit stehenzubleiben schienen, während dem kleinen Kosmonauten die Haare zum Erdmittelpunkt standen. Ich aber liebte mehr den Friedhof mit den Toten und ihren kaum bekleideten Schutzengeln und den Frauen, die in den Rosenbeeten knieten in ihren Kleiderschürzen mit Blumenmustern: die kleinen Jungen stellten sich vor sie hin, wenn sie beim Jäten waren, und ließen sie in ihre Zündholzschachteln mit den gefangenen Marienkäfern sehen.

Der Römer stand so unvermittelt in diesem Leben, wie es nur ein Pionier der Kommunistischen Partei Italiens konnte.

Ich malte Fragezeichen in den Wegsand, weil er mich etwas fragen sollte, denn die Fragen klangen am schönsten. Heimlich hoffte ich, sie würden in direkter Weise von Liebe handeln, ohne daß ich sie verstehen und darauf reagieren müßte. Ich hoffte, solche Worte einmal probeweise zu hören und kosten zu können. Er verstand mich nicht und fragte, was ich wolle. Ich sagte es, und er verstand nichts. So konnte ich ihm alles schamlos erklären, und er drängte sich mit ungestümen, ratlosen Fragen dazwischen, die Spitzen seiner Schuhe hoben sich manchmal, und der Sand auf dem Friedhofsweg knirschte leise darunter. Schließlich nahm er meinen Kopf und küßte mich mit fest geschlossenen Lippen.

Ich hörte, wie die Toten ihre Zehen bewegten, ihre kleinsten Knöchelchen und Gelenke. Eine Frau mit Gartengerät ging vorbei. Sein Mund war matt. Er rutschte meinen Hals hinunter und drückte gegen die schwitzende Haut unter dem Pionierhalstuch.

Die Stadt erzitterte vom Klang der Blaskapellen, die Schulchöre nahmen entlang der Straße der Nationen Aufstellung. Vorsichtig zog er an einem Zipfel des Halstuchs, dann steckte er den Finger in den Knoten, ruckte ein bißchen daran, bis er aufging.

Er hieß Angelo.

Angelo Molini, Via E. Cialdini 3/2, Roma.

Einhundert Briefe schrieb ich ihm in jenem Jahr, als die alte Karbolfabrik explodierte.

Ein einziges Mal erhielt ich eine Ansichtskarte: Eine blauorangene Fotografie, von der ich den an einer Ecke abgeriffelten Zipfel der Glanzfolie fassen und über das Bild weg abziehen konnte.

INGO SCHULZE

Neues Geld

Frank Nelson kam im Mai 90, eine Woche nach meinem 19. Geburtstag, aus Frankfurt nach Altenburg. Im Auftrag von irgendwelchen Firmen suchte er nach Häusern, vor allem aber nach Bauland an den Zufahrtsstraßen zur Stadt. Es ging um Tankstellen. Frank war mittelgroß, blond und Nichtraucher. Er wohnte im einzigen Hotel der Stadt, dem »Wenzel«, in der ersten Etage. Überall wo er auftauchte, selbst zum Frühstück oder Abendbrot, sah man ihn mit seinem braunen ledernen Aktenkoffer, der zwei Zahlenschlösser hatte.

Ich arbeitete seit September 89 als Kellnerin im »Wenzel«. Etwas Besseres gab es im ganzen Kreis nicht, oder ich hätte nach Leipzig fahren müssen oder nach Gera oder Karl-Marx-Stadt. Meine Chefin, Erika Pannert, ich kannte sie aus der Lehrzeit, sagte mal, daß sie früher genauso gewesen sei, genauso schlank und hübsch wie ich. Aber ich weiß, daß mein Mund ein bißchen klein ist und meine Lippen zu schmal. Wenn ich schnell laufe, zittern bei jedem Schritt meine Wangen.

Von den Gästen mochte ich Frank am meisten, vor allem die Art, wie er hereinkam, uns zunickte, sich setzte, die Beine übereinanderschlug und dabei am Hosenbein zog, wie er Wein probierte und die Serviette auseinanderfaltete. Ich mochte, daß er morgens duftete und abends schon unrasiert aussah. Ich mochte es, wenn er die Geldscheine verwechselte und daß der Koch nach ihm fragte. Frank trug weder einen Ring noch reiste er freitags ab. Vor allem aber liebte ich seinen Adamsapfel. Ich sah Frank zu, wenn er trank. Das passierte ganz automatisch, gegen meinen Willen und verwirrte mich.

Zu dieser Zeit lebten noch etwa fünfzigtausend Menschen in Altenburg. Der »Wenzel« war ausgebucht, und wer am Wochenende nach Hause fuhr, zahlte lieber weiter, als sein Zimmer zu räumen. Für Frank stand abends ein Sechsertisch bereit, weil er täglich neue Gäste einlud. Erika flüsterte mir deren Namen zu, und bei manchen wedelte sie mit der Hand, als hätte sie sich verbrannt. »Die haben nie vergessen, was ihnen gehört«, sagte sie.

Frank stellte lauter Fragen: nach den Wartezeiten für einen Wartburg, nach den Steuersätzen für Selbständige, nach den Urlaubsreisen und der Jugendweihe. Waren die Leute erst einmal im Erzählen, wurde es spät. Ich fand nichts dabei, lange zu arbeiten. Das taten alle, die hier wohnten. Ich denke noch heute, daß es einfacher ist zu kellnern, als morgens mit dem Aktenkoffer aus dem Haus zu müssen und Verträge abzuschließen.

Außer Frank blieben nur wenige übers Wochenende. Ich erinnere mich an den dicken Czisla, ein Kölner, der mehrere Stände mit Kassetten und Schallplatten von Markt zu Markt ziehen ließ und seine Verkäufer in den »Wenzel« bestellte, junge Kerle aus der Gegend, die sich mit der Musik auskannten. Sie tranken und aßen oft hier, weil Czisla sie warten ließ, bis die Abrechnung stimmte. Erika kümmerte sich um Peter Schmuck, einen dürren jungen Mann von der Commerzbank mit großen Händen und einem lautlosen Lachen, der so lange sitzen blieb, bis sie Zeit hatte und ihm zuhörte. Es war auch noch einer von der Allianz da, den wir Mr. Wella nannten, und einer, der bei uns Schuhshine hieß. Die Woche über sprachen sie kaum miteinander, aber sonntags, wenn man aus dem Frühstücksraum die Menschenschlange schräg gegenüber vor dem Bahnhof sehen konnte, die auf die Bildzeitung wartete – die Leute kauften meist mehrere Exemplare –, lachten sie und rückten oft um einen Tisch zusammen.

Mitte Juni erschien in der Zeitung ein Foto von Frank und dem neuen Bürgermeister. Noch in diesem Jahr sollte eine Tankstelle gebaut werden, ich glaube, von BP. Plötzlich aber hieß es, Herr Nelson reise ab. Dann hörte ich, er hätte eine Wohnung und ziehe aus. Dann, Frank Nelson fahre für eine Woche weg, komme aber zurück. Ich wollte ihm ein Päckchen für unterwegs machen, für die Reise, fürchtete aber, die anderen könnten es merken oder er empfände es als aufdringlich.

Ich nahm eine Woche frei und schlief mich aus. In der Badewanne hatte ich einmal die Vorstellung, Franks Adamsapfel zu küssen. Meine Eltern sprachen viel von dem neuen Geld, mein Vater meinte, daß ich es goldrichtig mache: Jetzt müsse man sich ins Zeug legen. Und meine Mutter sagte, daß sich nun die Spreu vom Weizen trenne, wir seien schon mittendrin.

Am nächsten Montag, ich begann mittags, saß niemand im Restaurant. Gegen zwei kamen dann eine dunkelhäutige Frau und ein Mann, Pakistani, wie Erika sagte, die mit Teppichen handelten. Unsere Leute müßten sich erst daran gewöhnen, sagte sie. Mindestens drei, vier Wochen würde es dauern, bis sie bereit wären, für ein Schnitzel Westgeld auszugeben. Als die beiden bezahlten, kam ich mir vor wie zu Beginn der Lehrzeit, als wir untereinander servieren übten und mit Spielgeld bezahlten.

Frank erschien erst abends. Als er mit seinem Aktenkoffer das Restaurant betrat, sagte er: »hal-loh« und setzte sich ans Fenster, dort, wo immer für ihn reserviert gewesen war. Ich sah wieder seine kleinen Ohren, den Leberfleck am Hals, die breiten Fingernägel, den Adamsapfel. Frank trug ein kurzärmliges Hemd und Leinenhosen, und in den

Sandalen erkannte ich die nackten Zehen. Erika sagte, daß er gekündigt habe oder man ihm, aber daß er hier bleibe. »Einer wie der«, flüsterte sie, »braucht immer was Neues, immer weiter weiter weiter.«

Frank las Zeitungen, aß, und ich brachte ihm einen Schoppen Wein nach dem anderen. Czisla, der ausgezogen war, aber noch eine Tasche abholen mußte, setzte sich dazu.

»Na, auf dein Spezielles«, sagte er. »Auf daß der Laden läuft«, sagte Frank. »Auf die Jungs!« Und Czisla erwiderte: »Auf uns Jungs!« Das hab' ich behalten, obwohl es völlig belanglos ist. Sie blieben nicht lange. Die Hausbar war montags geschlossen. Ich sah sie am Fenster vorbei Richtung Stadt gehen. Czisla hatte einen Arm um Franks Schulter gelegt, gestikulierte mit dem anderen und blickte zu Boden.

Ich blieb allein mit den Pakistani. Die Frau sprach leise zu dem Mann, der auf seinem Taschenrechner tippte und ihn dann zu ihr herumdrehte. Ich sagte ihnen, daß ich kassieren müßte, und danach gingen sie auch. Ich deckte den hinteren Teil des Saales für das Frühstück ein. Danach setzte ich mich an den Tisch am Eingang und faltete Servietten. Bis auf den Lehrling an der Rezeption, der ständig am Radio drehte, blieb es still.

Als ich den Abtritt am Eingang hörte, wußte ich irgendwie, daß es Frank ist. Ich sah nicht mal hin. Er blieb hinter meinem Stuhl stehen und beugte sich über meine Schulter. Ich drehte den Kopf und streifte dabei seine Wange. »Cornelia«, sagte er, und im selben Moment spürte ich seine Hände. Er berührte das Namensschild und tastete nach meinen Brustwarzen.

Ich wollte mich umdrehen. Sein Kinn drückte auf meine Schulter, rechts und links an den Rippen seine Arme. Ich versuchte aufzustehen. Er schob mich samt Stuhl gegen den Tisch. »Nicht«, sagte ich. Frank preßte mich an die Lehne. Er küßte meinen Hals, meine Wangen und, als ich den Kopf hob, meinen Mund. Dann streckte er die Arme aus und beugte sich weiter vor, bis seine Hände meine Knie erreichten. Ich drehte mich schnell zur Seite und stand auf.

Er war nur wenig größer, sein Gesicht gerötet, das Haar verstrubbelt. Sein Blick ging hinab zu meinen Füßen, die in den weißen, halbhohen Stoffschuhen steckten, die dem Knöchel Halt geben sollten.

Frank hatte jetzt etwas Verwegenes, was ich bisher an ihm nicht bemerkt hatte.

»Komm«, sagte er, »drehn wir eine Runde.«

Ich holte meine Strickjacke, schloß das Restaurant ab und gab den Schlüssel zur Rezeption, wo der Lehrling die Uhrzeit in ein Buch eintrug und »Ciao« sagte. Draußen schlang Frank seinen Arm um meine Hüfte. Ich wollte außer Sichtweite kommen, aber alle paar Schritte blieben wir stehen, und er preßte mich an sich und küßte mich. Wir hatten einander gefunden, einfach so, ohne Erklärungen und große Worte.

An der Kreuzung, hinter der die Straße anstieg und es rechts zum Waggonbau ging, zog er mich auf das kleine Stück Rasen. »Frank«, sagte ich und glaubte, das würde genügen. Seine Hände rutschten von meiner Hüfte auf den Po, gingen tiefer zu den Beinen und kamen unter meinem Rock zurück. »Frank«, sagte ich. Ich küßte seine Stirn, er fuhr mit beiden Händen in meine Strumpfhose und den Schlüpfer und zog ihn nach unten. Er hielt mich fest, und eine Hand drängte sich zwischen meine Beine, und dann spürte ich seine Finger, erst einen und dann mehr.

Frank schien glücklich. Er lachte. »Warum nicht«, sagte er. »Warum denn nicht?« Ich sah seine Haare, seinen Nacken. Er sprach weiter, aber ich konnte nicht alles verstehen, weil er zwischendurch immer lachte. Weder er noch seine Hand hörten auf mich. Es folgte ein anderer Schmerz, der schlimmer war, an den Schultern, den Rücken hinab. Und dann drückte er meine Arme nach oben und hielt sie fest, ich sollte die Arme hoch nehmen, sagte er, Arme hoch. Für einen Moment wußte ich nicht, wo ich war und was sich auf mich geschoben hatte. Meine Bluse wurde hochgezerrt, jemand rief: »Die Arme hoch!« Es klang nicht mehr glücklich. Er drückte auf meine Ellenbogen, dann sah ich nichts mehr. Ich hörte ihn nur noch und spürte, wie er leckte und biß. Ich versuchte gleichmäßig zu atmen und konzentrierte mich darauf. Egal, was passierte – am wichtigsten schien, daß ich atmete. Daran kann ich mich noch erinnern.

Frank war auf mir liegengeblieben. Er schlief. Zuerst bekam ich einen Arm aus der Bluse. Ich versuchte, mich seitlich zu drehen und ihn wegzuschieben. Der Himmel war schwarz, und die Straßenleuchte glich einer großen Pusteblume. Frank rutschte und rollte zur Seite, halb auf den Rücken. Sein Mund stand leicht offen. Er schluckte. Sein Hemd war hochgerutscht. Sein weißer Bauch war ein gleichschenkliges Dreieck, der Nabel als Spitze. Sein Glied hing seitlich herab, direkt auf dem Saum der Unterhose.

»Frank«, sagte ich. »Du kannst hier nicht liegenbleiben.« Ich sagte aber auch ganz andere Sachen. Ich wollte nur reden. Die ganze Zeit, während ich aufstand und meine Sachen suchte, sprach ich, wie nach einem Unfall. Ich versuchte, meine Strickjacke unter ihm vorzuziehen, ließ es aber dann und lief los. Ich achtete auf den Weg und auf die wenigen Autos, die um diese Zeit fuhren. Ich dachte, wie immer auf dem Heimweg, daß ich ja nur schlafen mußte, um ihn morgen wiederzusehen, meinen zukünftigen Mann, den Vater meiner Kinder, der mit niemandem vergleichbar war, der mir die Welt zeigen und alles verstehen, der mich beschützen und rächen würde.

Was danach kam, weiß ich nur aus Briefen und von ein paar Telefonaten. Meine Stelle wurde nicht mehr besetzt, und im September schloß der »Wenzel«. Erika wurde von dem Italiener übernommen, der Ende des Jahres in der Fabrikstraße eröffnet hatte. Im April war auch dort Schluß. Dann kamen andere Restaurants. Aber kaum war eröffnet, kaum war eine Jahreszeit vorbei, machten sie wieder dicht. Viermal passierte ihr das. Schließlich stand sie in dem Ruf, ein schlechtes Omen zu sein. Aber selbst das ging vorbei, als man sah, wie es insgesamt lief.

Zu dieser Zeit hatte Frank Nelson mit seinem Aktenkoffer die Stadt schon wieder verlassen. Obwohl es heißt, ihm würden noch einige Häuser gehören, hat ihn niemand mehr gesehen.

Ich habe erst in Lübeck, später, wegen meiner Russischkenntnisse, auf einem schwedischen Kreuzfahrtschiff Arbeit gefunden. Meine Eltern erzählen das gern, und ich schicke ihnen von jeder Station eine Karte. Obwohl ich so naiv und blauäugig gewesen sei, sagen sie, hätte ich sehr früh gesehen, wie alles kommen würde. Und damit haben sie ja auch irgendwie recht.

RAINER KIRSCH

Petrarca, am Schreibtisch, sonettiert seiner Gespielin

Daß du mir immer hübsch die Beine breitmachst,
Wenn ich die Zunge spitze. Auch wenn sein kann,
Daß ich ins Wirklichste noch nicht hinein kann,
Hilft doch dem Geist, wie frech du dich bereitmachst –

Denn Geist regiert das Fleisch. Wofern du etwa
Verflunscht und spitzen Knies im Kissen hocktest,
Wäre, mit was für Blößen du auch locktest,
Wie unvorhanden, was ich auf dem Bett sah:

Daß Eine scharf sei, der scharf dichtet schätzt es,
Daß sie sich welternst zeigt, stärkt sein Sonett;
Doch erst ihr reiner Leichtsinn macht, es geht

Was vag im Geist war, fest aufs Blatt zu schreiben;
Ein Wörtchen noch, als wäre es mein letztes,
Und heilig wird, was wir im Fleische treiben.

KERSTIN HENSEL

Spanisches Moos

Agata ist versunken. Im Café »Hemdchenhoch«. Im weißen Burgunder. In Enttäuschung. Der Gatte Hubertus hatte das gemeinsame Nest verlassen. Jetzt geht der Abschied wie ein Messer durch Agatas Brust. Ein drittes Glas Burgunder, halbsüß, lau.

»Sie sind keine Weinkennerin«, sagt der Mann am Nebentisch zu ihr herüber. Im Café »Hemdchenhoch« sind die Tische nicht größer als Tortenplatten. Der Mann flüstert: »Ich bin Mio Defranceschi, conoscitore di vino. Darf ich Ihnen einen Frascati bestellen?«

»Nein.« Agata kippt den Wein wie Most. Defranceschis Knie berührt Agatas Knie. Sie hebt die burgundertrüben Augen und sieht in des Mannes schwarze Lockenmähne.

»Laß das!« faucht Agata. Kniescheibe stößt gegen Kniescheibe.

»Sag Mio«, sagt der Geprellte. Das Café »Hemdchenhoch« wird Agata zu eng. Ob der Gatte zurück ist? Heimgekehrt von Abenteuer und fremder Lust? Mios Finger hangeln sich an Agatas linker Wade entlang. Agatas Wut stößt den Stuhl um. »Laß das!« Mio hilft der Dame auf die Beine. Sein Handkuß läßt Agata erschauern. Sie zahlt an der Theke, schlägt die Tür hinter sich zu und läuft aus dem Lokal.

Mio Defranceschis Locken tarnt die Nacht. Er geht auf Katzenpfoten. Enzianstraße, Birkenstraße, Magnolienstraße. Agata biegt in die Waldallee, einen glänzenden Kiesweg entlang. Sie ist allein. Dreht sich um. Hoch in der Platane keckert eine Elster. *Amore!* keucht es in Agatas Ohr. Sie schlägt den bettelnden Mund in die Finsternis zurück. Läuft schneller, hier entlang, dort entlang, wohin, weiß sie nicht, hinter ihr, vor ihr, neben ihr Amore mio, der Weinkenner mit den unverschämten Locken. Ganz allein läuft sie gegen eine Mauer. Durchatmen. Elsterngeschnatter. Die Nacht lau wie Burgunder. Hinter allen Bäumen Mio Defranceschi. Agata erklimmt die Mauer. Reißt sich die Strümpfe auf, verliert einen Schuh. Springt auf der anderen Seite ab. Mitten in einen Ginsterbusch. Sie befreit sich aus der gelben Wolke, wirft den anderen Schuh von sich und rennt barfuß davon. Der Botanische Garten atmet aus. Warm ist es, und die Nachtluft steht von späten Düften. Hier findet er dich nicht, denkt Agata und schlägt ein paar Haken. Im Froschtümpel stöhnt es. Beinahe wäre Agata mitten hinein getreten. *Guuuack!* sagt der Tümpel an hundert Stellen.

Nachtkerzengewächse leuchten Agata den Fluchtweg. Es knirscht im Kies. Jetzt hat er dich! Aber Mio ist nicht zu sehen. Agata macht Rast im

Gras. Mohnblumen und Klee reichen bis zur Brust. Agata wird müde. Etwas streift ihre nackten Füße. *Vie – nie!* flötet die Nachtigall. Agata springt auf. Quer durch den Garten geht die Flucht. Gleich fall ich um. Agata erreicht die Gewächshäuser. Rüttelt an der Tür. *Komm!* Agata hält den Atem an.

»Mio?« fragt sie. »Sind Sie hier?« – Grillenzirpen. Quaken. Eine Motte stößt sich an der Glaswand. Ich bin betrunken, denkt Agata, ich bin müde. Sie öffnet die Tür zum Gewächshaus. Betritt die Abteilung der Subtropen. Leises Plätschern. Auf dem gläsernen Kuppeldach liegt der Mond wie eine Riesenorange.

»Gerettet«, sagt Agata. Langsam geht sie durch Farne und Palmen. Am Boden dunstiger süßer Nebel. Linker Hand moosige Felsen und ein künstlicher Wasserfall. Ich muß tiefer in den Dschungel, denkt Agata, sonst findet er mich. Und tiefer hinein tritt sie in Büsche von Jasmin und Mannstreu. Philodendron durchstreift sie, Anthurien und Efeu; gewaltige Ficusbäume säumen ihren Weg, Palmen und Schachtelhalm. Agata preßt die Hände vor den Mund. Es ist überwältigend. So schön, daß sie ein wenig weinen muß. Sie setzt sich an den Rand des kleinen künstlichen Moores. Sumpfiges Fettkraut kriecht über ihren Schoß, die flachen, lappenartigen Blätter bedrängen sie sanft. Da erblickt sie eine Pflanze, kaum armhoch, lachsrosa vom Stengel bis zur Blüte. Aus dem Kelch ragt ein doppelt daumdicker Stempel derselben Farbe. Agata muß schlucken. Sie berührt das kleine Holzschild von *Amorphophallus bulbite.*

»Laß das!« – Agata springt auf. Erhitzt. Läuft weiter. Irgendwohin. Unter den Fächerblättern der Nypapalme hält sie erneut. Schweißnaß. Gatte Hubertus wird wieder zu Hause sein, gewiß, was sollte er auch ohne sie anfangen. Und sie, was sollte sie … Agata setzt sich unter die Palme. Will gerade einschlafen, da erkennt sie ihn. Mio Defranceschi hockt auf der Spitze des größten Riesenbambus. Nach Affenart hält er sich festgeklammert und winkt herunter. Agata sitzt starr vor Schrecken. Sie hat sich nicht getäuscht: Leibhaftig rutscht der Mann den fasrigen Pflanzenschaft herunter, vor Agatas Füße. Jetzt weiß sie, was sie tun muß. Nicht Flucht bedeutet Rettung, sondern Kampf. Mit der Kraft einer Machete schneidet ihre Handkante das schwertscharfe Blatt eines Pandanus. Agata schwingt es über dem Kopf. Mio Defranceschi duckt sich. Springt zur Seite. Das Schwert köpft Betelpalme und Monstera, Banane und Eukalyptus. Mio, in Todesangst, erklettert den nächsten Baum: einen schlanken Kautschuk. Agatas Schwert pfeift durch die Luft, trifft den Stamm. Mio greift nach den Luftwurzeln der Tillandsia, die sich wie Medusenarme in den Raum strecken. An ihnen schwingt er sich herunter. Zwei Schritte, und Agata ist bei ihm.

»Komm!« keucht sie. Vor den Hieben des Pandanusschwertes schützt sich Mio mit einem Blattschild vom Großen Tropenwurz. Agata verläßt die Kraft. Mio hat sie. Stürzt sich auf die Wildgewordene. *Amore!* Er setzt ihr nach. Agata flieht durch die Glastür in die Abteilung der Nutzpflanzen und -hölzer. Mio, schneller als sie, schwingt sich an die von Bäumen und Felsen hängenden grauen Gespinste des Greisenbart, auch Spanisches Moos genannt. Er krallt sich hinein, stößt einen Pavianschrei aus und springt Agata vor die Füße.

Zuerst riecht sie Zimt. Am Kardamomstrauch lassen sie sich nieder. Vor Agatas nackten Füßen strecken hellgrüne Kobrapflanzen ihre Schlauchblattzungen aus.

»Die fressen Insekten«, sagt Mio.

»Mir ist so komisch«, sagt Agata. Sie muß kichern, dann weinen, danach gähnen. Der Kardamom überduftet den Zimtbaum. Fenchel den Kardamom. Wie steinerne Abrißbirnen hängen riesige Wachskürbisse an Palisaden. Gelber Oleander blüht. Daneben, in schönen lila Blüten, der berauschende Strophantus. Mio kriecht zu den Büschen, pflückt eine Handvoll Köstlichkeiten: die roten Beeren der Palisode, Kümmel, süße Cayennekirschen, die grünen Früchte der sauren Aubergine, die kleinen Feuerköpfe des Chili, Beeren vom Seidelbast und Buchsbaum. Zuletzt bricht er eine kleine Ananas. Er teilt die Beute mit Agata.

»Conoscitore di veleno«, sagt er, nimmt ein Chilischötchen zwischen die Lippen, nähert sich dem Mund der Frau. Sie teilen sich die Frucht, indem sie, Lippe an Lippe, davon abbeißen. Das Feuer wird von mildereren Beeren gedämpft. Sie wirken schnell. Von allen Säften, Wurzeln und Blüten nascht Agata. Mio, Kenner der Gifte, schiebt ihr Oleanderblüten auf die Zunge Gehorsam schluckt Agata. Sie fühlt sich leicht und ausgehöhlt wie eine Schwammgurke. Vergißt, daß sie auf der Flucht ist. Vergißt, daß sie *ihn* verfolgt. Sie legt sich in das Bett grauweißer Begonienblätter. Bevor sie abkippt, zieht sie Mio nach oben.

»Amore! Non sonno!« Er will keinen Schlaf. Gibt ihr Pfeffer zu essen: grünen, schwarzen, weißen, roten. Der weckt sie auf. Agata sieht, wo sie sich befindet. Geht auf Mio los, prügelt ihn von sich fort, Schritt für Schritt durch die Tür ins Kakteen- und Sukkulentenhaus.

Hier ist es heiß und trocken. Afrika. Agata und Mio Defranceschi stehen sich gegenüber. Kampfbereit. Ringsherum Kakteen und Euphorbien. In der Mitte des Gewächshauses eine Agave. Sie blüht. Der zwei Meter hohe Schaft mit dem herrlichen bunten Stempel irritiert Agata.

»Sie blüht nur heute«, sagt Mio Defranceschi.

»Sie gemeiner Kerl!« Agata, ohne sich um den Schmerz zu kümmern, bricht mit bloßen Händen einen armdicken Säulenkaktus und schleudert ihn dem Manne entgegen. Mio kann zur Seite ausweichen. Er gräbt einen prächtigen Goldkugelkaktus aus, stößt ihn in Richtung Agata. Die pfeilspitzen Stacheln bohren sich neben sie in eine Yucca. Mio nähert sich Agata mit wunden Händen. Nimmt sie in den Arm. Trägt sie zur Agave. Agata ist hilflos. Jede Kraft hat sie verlassen, und eine süße Lust macht sich in ihr breit. Mio hält sie und richtet sich auf. Als Agata erwacht, ist die Agave verblüht: der Schaft schlaff geknickt, die einst saftigen grünen Blätter verwelkt. Mio Defranceschi verschwunden.

Agata ist versunken. Im Gewächshaus des Botanischen Gartens. In Einsamkeit. In Enttäuschung. Sie folgt dem Schild AUSGANG. Ganz klar ist sie im Kopf. Das Leben plötzlich leicht. Gatte Hubertus wird warten. Im Café »Hemdchenhoch«. Sie erreicht das Orchideenhaus. Es geht sie nichts mehr an. Alle Pracht und Blüte lassen sie kalt. Nur einmal noch hält sie vor einem seltsamen Gewächs. Hymenandra, die Kannenpflanze, lockt Agata. *Komm!* sagt sie.

»Ich habe keine Lust mehr«, sagt Agata.

»Ich weiß. Aber du hast Durst. Hier findest du Wein.«

Agata hat Durst. Sie hebt den Blattdeckel einer der wasserkannengroßen Blumen, schaut ins Innere. Burgunder. Süß und lau. *Komm!* sagt Hymenandra. Agata steckt ihren Kopf in die offene Pflanze. Auf der roten wachsglatten Gleitzone rutscht er tiefer, zieht Agatas Körper mit hinab. Sie will sich halten, rutscht am honigdrüsenbesetzten Kelchinneren ab. Kopfüber fällt sie auf den Blattgrund. Agata steckt bis zum Hals im süßen Wein der Kannenblume. Agata schluckt. Die Pflanze auch. Agata spürt den festen Muskel um ihre Kehle. Dann umschließt er Wangen, Stirn und Haar. *Amore!* gurgelt es. Dann hört Agata auf zu atmen und gibt sich dem Vorgang hin.

SABINE REBER

Unter dem Kissen

Die Tannenriemen ächzten, und der Schaumstoff der Matratze gab ein leises Schmatzen von sich. Das Bett schien sich unter Aoife zu öffnen, die Laken teilten sich und schlugen wie Wellen über ihr zusammen. Die Pyjamahose war beim Reinschlüpfen hochgerutscht, und Aoife spürte, wie sich der kalte Leinenstoff um ihre Beine legte. Auf ihrem Kissen nahm sie den vertrauten Geruch von Lavendelseife wahr. Cathal seufzte im Halbschlaf und drehte sich um, griff nach ihren Hüften. Das Kissen rutschte weg und fiel zu Boden. Auf seiner Seite roch das Bett nach kaltem Rauch. Seine Lippen waren rissig vom Wetter. Er küßte sie langsam, und seine Zunge schmeckte nach Malz und Moder. Aoife fuhr ihm über die verbliebenen Zähne, überzog die Stummel mit ihrem Speichel. Sie versuchte sich vorzustellen, wie feuchte Erdklümpchen aus seinem Haarkranz auf das Leintuch bröselten. Mit einem Gummistiefel stehst du schon im Grab, flüsterte sie in sein Ohr, und er umarmte sie fester, strich mit dem Daumen über ihren Mund. Seine Haut war feucht und fettig. Aoife biß ihn in die Handkante, kicherte. Der Regen trommelte auf die Ziegeln. Aus dem Kamin platschten rußgeschwärzte Tropfen auf den Teppich. Mit traurigen Augen blickte Jesus vom Kreuz auf das alte Holzbett hinunter, unter dessen Decke sich die beiden Eheleute die Flanellhosen der Schlafanzüge von den Beinen streiften. Durch die Wand hörten sie ihre Enkelkinder atmen, das kleinste murmelte im Schlaf. Draußen rief eine Katze, später hörten sie auch den Kater. Cathal hatte Aoife vor Jahren gebeten, die Tiere nachts aus dem Haus zu schicken. Sie gehorchte und wußte es besser. Er wollte nicht wissen, was sie machte, während er draußen arbeitete, mit dem Traktor Löcher grub, Schneisen in den weichen Boden pflügte und Leitungen verlegte bis zu ihrem abgelegenen Hof in die Hügel hinauf und auf der anderen Seite wieder hinunter zu den Ferienhäusern am Meer. Er mußte ihr nie Fragen stellen. Wenn er nach Einbruch der Dunkelheit durch den Sumpf stiefelte, um die Schafe zu versorgen, bückte sie sich über den Weidenkorb in der Küche. Über dem Bund ihrer Jeans zeichneten sich zwei Wülste ab, und es sah aus, als hätte sie gar keine Taille. Sie faßte eine Plastiktüte voll Torf nach der anderen und schob sie in den gußeisernen Kochherd, bereitete das Abendessen und fütterte die Vögel, streute Brotkrumen auf den Fenstersims, sobald die Katzen vor dem Feuer schliefen. An den Wänden hing das geerbte Geschirr aus Belleek Porzellan, rotbraune Teeränder hatten sich in den Tassen abgelagert, sie erinnerten Aoife an die Jahresringe eines gefällten Baumes. Sie setzte sich an den wurmstichigen Küchentisch und wartete. Die Tischplatte hatte Cathal vor Jahren mit geblümter Plastikfolie überklebt, um die dreckverkrusteten Labyrinthe der Holzwürmer, die unzähligen Messerkerben und den Abdruck einer glühenden Sicherheitsnadel im Eichenholz zuzudecken. Mit der über einer Kerze erhitzten Nadel hat Aoifes Großmutter ihr Löcher in die Ohren gestochen, zur Ersten Kommunion erhielt sie zwei goldene Ringlein mit eingelegten Glasstückchen. Diamanten, behauptet Aoife im Schulbus, und die anderen Mädchen kichern. Ruhe, faucht Cathal aus den hinteren Sesselreihen, in denen er sich mit den anderen Knaben prügelt und die Namen der gälischen Fußballmannschaften herunterbetet, Mayo verliert gegen Meat, warum verliert Mayo schon wieder. Das letzte Wegstück gehen sie zu Fuß, Aoife und Cathal allein. Er treibt einen Stein vor sich her, sagt kein Wort. Zwischen zwei Wolken zeigt sich ein Streifen Sonne, und sie sieht seine Pickel, vom Abendrot orange beleuchtete Krater, die sein Gesicht in eine untergegangene Hügellandschaft verwandeln. Was starrst du mich so an, fragte er und zieht die Hände aus den Hosentaschen. Unter seinen Fingernägeln prangen schwarze Monde. Komm, sagt sie, und er tritt näher. Seine Schuluniform riecht nach Mist und Schmalz. Komm, wir gehen. Er sieht ihre nackten Waden, blickt auf ihre Füße, die in selbstgestrickten Wollsocken und viel zu schweren Wanderschuhen stecken. Mit jedem Schritt sinkt sie im lehmigen Weg ein, und das Anheben der Sohlen verursacht ein schmatzendes Geräusch. Er kickt ihr den Stein zwischen die Füße, und sie bleibt stehen. Der Wind wirbelt den Rock ihrer grauen Schuluniform hoch, und er sieht ihre Schenkel. Sie sind bleich und von der Kälte gerötet. Sie versucht davonzurennen. Ihre Füße sinken bis über den Rist im Boden ein, und dennoch kommt es ihm vor, als würde sie ein paar Inches über dem Boden schweben, vom flatternden Tweed getragen. Hinter den Hecken bricht der Wind ab, und sie fällt der Länge nach hin. Er holt sie ein und zieht sie hoch. Ihre Kleider haben sich mit Erde vollgesogen und tropfen, die nackten Beine glänzen. Er hört, wie sie verschnauft. Der feuchte Klang ihres Atems erinnert ihn an die Lämmer mit ihrem rauhen Neugeborenenfell, und er will sie in die Arme nehmen und trockenreiben. Aus der Tasche seiner Uniformhose fischt er ein Caramelbonbon. Es ist warm und klebrig und mit Heuhalmen gespickt. Er steckt es ihr in den Mund. Ihre Lippen sind purpurfarben von den Beeren, die sie in der Pause gegessen hat. Sie bleibt stehen, und es ist, als würde die Zeit stehenbleiben, als befänden sie sich unter Wasser. Er schließt die Augen und fühlt ihren langsamen, schweren Atem. Die leiseste Bewegung brandet als Welle an ihn heran, und er meint, sogar ihr

Herz pochen zu spüren. Am liebsten hätte er die Augen nie wieder geöffnet. Das Caramelbonbon schmeckt nach Mist und Schweinefett und ist so zäh, daß es noch an Aoifes Stockzähnen klebt, als sie zu Hause ankommt. Sie klaubt es heraus, formt die bräunliche Masse zu einem Klümpchen und legt es unter ihr Kopfkissen. Dort klebt es fest, ein Nichts, das sie im Traum überrollt und als Schauer durch ihren Körper eilt. Und am Morgen kann sie sich nicht mehr erinnern, wonach ihre Finger riechen. Als ihre Mutter nach drei Wochen die Bettwäsche wechselt, ist es um Aoife geschehen. Fortan träumt sie davon, ihre kalten Waden an Cathals Beinen zu wärmen. Ihm bleibt die pure Sehnsucht. Um sie zu erneuern, kriecht er unter die Schulbank und versucht, einen Blick unter Aoifes Rock zu werfen, träumt, ins unbekannte Dunkel zwischen ihren Beinen einzutauchen und zu versinken wie mit den Gummistiefeln im Sumpf, wenn er sommers mit seinem Vater Torf sticht. Er will sich in die verborgenen Welten unter ihrem Rock hineinschleichen und mit den Füßen voran einsinken und verlorengehen. An der Fensterscheibe rauschte der Regen, und die tropfenden Geräusche erfüllten das Haus. Er griff nach ihren Brüsten. Seine Hände waren schwielig, und sie wußte, daß die Ränder unter den Nägeln braun waren von der Erde, die er umgrub und abstach, braun wie das Wasser, das seit vorigem Jahr aus der Leitung kam. Er liebte sie schweigend, keuchend, schnell. Sie ritt unter seinem schweren Bauch durch den Sumpf, Ginsterblüten fielen ihm aus den Haaren, und das Schilfgras kitzelte ihre Kniekehlen. Farne säumten ihren Weg, die äußeren Blätter kräuselten sich und wurden braun und rostig wie die Erde. Der Sturm riß die roten Blüten der Rhododendrons los, und sie flatterten wie exotische Vögel übers Moor. Die Dachrinne lief über, und das Wasser klatschte gegen die Scheiben. Vor dem Fenster schrie die Katze. Cathal kam im selben Moment. Dann drehte er sich um und schlief weiter, zersägte all die Tannen noch einmal, die Aoife längst verfeuert hatte. Sie lag wach und betete, lauschte. Ihre Hände wühlten sich durch die Leintücher, und sie fragte sich, warum es beim Einschlafen immer abwärts geht, ein langsames Einsinken, kopfvoran, immer geht es kopfvoran in die Dunkelheit. Cathal drehte sich im Schlaf um und strich ihr übers Haar, und in ihrem Kopf wurde es still.

JOHANN CHRISTIAN GÜNTHER

Als er ihretwegen einen schweren Traum hatte

Laß mich schlafen, liebste Seele!
Willst du nicht zufrieden sein,
Daß ich mich am Tage quäle,
Und mein Herz viel tausend Pein
Deinetwegen muß ertragen?
Soll mich noch ein Schattenspiel
Mit verliebten Träumen plagen?
Engelskind! Das ist zu viel.

Können doch verhaßte Sklaven,
Wenn das Schiff vor Anker liegt,
Bei der Nacht geruhig schlafen,
Ich allein schlaf unvergnügt;
Auch die Nacht kann mich nicht schützen,
Denn mein Herz erfährt dabei,
Daß es muß erbärmlich schwitzen:
Tag und Nacht ist einerlei.

Wenn der überhäufte Kummer
Meinen schwachen Gliederrest
Ja zuletzt in einen Schlummer
Auf das Bette sinken läßt,
Schlaf ich doch auf Jakobs Steinen,
Denn es wird mir bei der Nacht
Gleich was in dem Traum erscheinen,
Das sich Engeln ähnlich macht.

Ich darf zwar in Himmel steigen,
Welcher deine Schoß umschleußt,
Weil dein gütiges Bezeigen
Mir im Traum die Leiter weist,
Und genieße Zuckerleben,
Das mir deine karge Hand
Nimmermehr wird wachend geben:
Denn du bist von Diamant.

Amor läßt mich träumend siegen,
Und ich seh der Palmen Saat
Auf der weißen Wahlstatt liegen,
Die mein Arm erfochten hat:
Und bei meinem süßen Schlafen,
Wenn sich Mast und Segel regt,
Läuft mein Schiff in deinen Hafen,
Den die Venus angelegt.

Ich beschiff bei Sturm und Blitzen
Deine neuerfundne Welt,
Wenn die Wellen um mich spritzen,
Und der Schaum ins Bette fällt,
Länd' ich, eh ich michs versehe,
Bei den Zucker-Insuln an,
So daß ich sie in der Nähe
Halb entzückt besteigen kann.

Wenn ich mich in Träumen paare,
Find ich keinen Widerstand,
Den ich oft bei Tag erfahre,
Denn im Schlaf darf meine Hand
Nach den Purpurmuscheln greifen,
Die dein Ufer ausgesät,
Ja ich darf noch weiter streifen,
Weil mir alles offen steht.

Aber, ach! wenn ich erwachet,
Sinket mir mein steifer Mut:
Ob ich gleich im Schlaf gelachet,
Und es mir noch sanfte tut;
Läßt mich doch der Glaube lesen,
Der mir in die Hände kömmt,
Daß mich nur ein schäumicht Wesen
Bei den Träumen überschwemmt.

Meine Glieder sind zerschlagen,
Und der ausgebrochne Schweiß
Stehet, daß ichs kaum mag sagen,
Auf dem Leibe Tropfen-weiß:
Ich kann kaum die Lenden rühren,
Denn die Geister sind dahin,
Noch mich aus den Federn führen,
Weil ich matt und müde bin.

Drum so stelle, liebste Seele!
Künftig hin dein Martern ein,
Da ich mich am Tage quäle,
Laß die Nächte meine sein.
Sich am bloßen Schatten laben,
Ist ein Eis, das bald zerbricht,
Was ich nicht kann wachend haben,
Mag ich auch im Schlafe nicht.

AUGUST GRAF VON PLATEN

Zwei Sonette

Glaub mir, noch denk ich jener Stunden stündlich,
Wo ich zum erstenmale dir das zarte
Geheimnis deines Sieges offenbarte,
Im Liede kühn, allein verlegen mündlich.

Dein jetz'ger Wille scheint mir unergründlich:
Weil jene Schüchternheit sie nicht bewahrte,
Hör ich dich klagen, unsre Lieb' entarte,
Und ihr Verlangen nennst du keck und sündlich.

O, daß die Blume nicht umsonst verdüfte,
Laß Wang' an Wange hier uns ruhn im Düstern,
Und Brust an Brust gedrängt, und Hüft' an Hüfte.

Horch! wie es säuselt in den alten Rüstern:
Durchschwärmt vielleicht ein Elfenchor die Lüfte,
Wollüstig weichen Brautgesang zu flüstern?

*

Allein im stillen völlig sich beglücken,
Und sich verstehn, wenn Tausende zugegen,
Vorüber an einander sich bewegen,
Und so verstohlen sich die Hand zu drücken:

Dann mit den Blicken weilen voll Entzücken,
Wo tausend Reize drängen sich entgegen,
Auf Stirn und Aug' und Lippen, die sich regen
Und auf des schönen Wuchses Meisterstücken:

Nicht schnöd' vom Durst nach Liebe hingerissen,
Vielmehr der Gunst versichert, wechselseitig,
Umfassen sich mit ruhigem Gewissen;

Um nichts Besorgnis hegen anderweitig,
Und hoffen, nie was man gewann, zu missen:
Dies Glück ist mein, das macht mir keiner streitig!

ARMIN T. WEGNER

Die Beiden

I

Die beiden Knaben sind allein im Raume,
Und so schmerzt Jugend ihre achtzehn Jahre,
Daß sie sich zitternd anschaun wie im Traume,
Erschrocken von dem Glanz in ihrem Haare.

Sehr mädchenhaft erscheint der eine, rauh
Der andre. Doch, ein Spitzenwerk, umsäumt
Von Licht, hebt ihm der Zarte leis die Hand
Aufs Haupt. In seinen Augen öffnet grau
Der letzte Grund sich, und von Süße übermannt

Küßt er des Knaben Mund. Der andre träumt
Vom blassen Spiele einer Tänzerin.
Er sah sie gestern noch. Allein
Es dünkt ihm köstlich, so geliebt zu sein.

Als hätte nie bei Nacht ein Mädchenleib
Ihn so durchschaudert wie dies Kinn
An seiner Wange jetzt ... und fast ein Weib
Gibt er sich ganz dem fremden Knaben hin.

II

Nur eine Kerze brennt im tiefen Saal.
Die hohen Fenster haben sie verhängt,
Und von sich reißen sie der Kleider Qual,
Als hätte eine Flamme sie versengt.

Sie sitzen nieder auf des Bettes Rand,
Und zwischen ihren Hüften schlank umfaßt
Ein Langersehntes ihre zage Hand
Wie einen jungen starken Birkenast,
Wenn warm der Saft sich in die Knospe drängt.

Im Spiegel schauen sie sich eng verschränkt
Und fühlen wieder die geheime Qual,
Die aus dem Herzen in die Glieder rinnt,
Als schauten sie sich heut zum ersten Mal,
Verwundert, daß sie sich so ähnlich sind ...

Da löschen sie das Licht. Um beide
Schließt Dunkel zart und flüsternd sich wie Seide.

THOMAS BÖHME

Pfadfinder

Wie hatten wir uns nach diesen sandfarbenen Kostümen gesehnt! Jahre um Jahre hatten wir von nichts anderem gesprochen. Natürlich hätten wir niemals das Wort Kostüm zu benutzen gewagt. Auch Uniform fiel uns nicht ein. Wir nannten es schlicht das Kleid. Wenn wir doch endlich das Kleid tragen dürften – da verstand jeder, was gemeint war. Als uns das Kleid quasi über Nacht zugesprochen wurde, zu einer Zeit, da wir nicht mehr damit gerechnet hatten, spürten wir, wie der Stoff der Shorts über unseren Schenkeln spannte, als hätte man uns die Hosen zwei Nummern zu klein gegeben. Dabei hatte man uns doch von allem das größte herausgesucht. Auch hatten wir schon viel zu lange geraucht, so daß wir nicht ohne weiteres auf Kohlrabi und Karottenromantik umschwenken konnten. Trotzdem war es ein kaum zu beschreibendes Kribbeln, wenn die Fahnenjunker mit ihren pfiffigen Hütchen uns den Eid abnahmen. Jeden Tag mit einer guten Tat zu beschließen, lautete das erklärte Versprechen. Nun erst begann das eigentliche Pfadfinden. Fern der großen Städte, nur mit Kompaß und Sternenkarte versehen, sollten wir nun erleben, was wir uns so detailgetreu wie nur möglich ausgemalt hatten.

In der ersten Nacht war Krüger mein Zeltgefährte. Ich hatte ihm, wie es Sitte war, mein Fahrtenmesser aufs Kissen gelegt. Nur, damit er als Jüngerer wußte, er habe von meiner Seite aus nichts zu befürchten. Er nahm es jedoch als Aufforderung, mir seine Orientierungen in die Brust zu ritzen. Er hatte den chirurgischen Blick eines Madjaren und drückte sein Krummhorn gegen meine Aorta. Draußen sangen die Wächter vom Campus sich Mut zu. Sie mochten sternkundig sein, wie sie wollten, es gab immer ein irritierendes Leuchten, das sie schlottern ließ, einen Schatten, der sie maßlos verstörte.

Krügers Augen ließen auch im Dunkeln nichts zu wünschen übrig. Er schrammte mit seinem Messer über meine gezähmten Mamillen und flüsterte mir seine Ergebenheit ins Gesicht. Jäh ahnte ich seine Bereitschaft, erkannte die Verläßlichkeit seiner großen geduldigen Hände. Ich öffnete mich, ließ ihm Zeit, seine Zeiger zu norden, und half seiner Klinge, die vorgezeichnete Stelle zu finden, und endlich sprudelte mir die helle, die handwarme Güte aus dem entsicherten Mund.

JOHANNES R. BECHER

Auf einen Jüngling, genannt Elly

Du windest Dich in Ungeheuer-Nächten.
Von überstirntem Firmament beschneit.
Bestrahlter Junge. Deine Straßen flechten
Sich buntgeschminkt zu Paradiesen breit.

Zu Paradiesen, überglort von Äther,
Belichtet rings von jener Bank und Strich.
In seine Arme aber preßt dich Jeder.
Schmelz auf, erheb, erweis Dich brüderlich.

Dann blühten auch die stinkichten Aborte.
Aus Zungen: Fahnen. Deine Hüfte singt.
Wie strömt Dein Atem Halleluja-Worte.
Der Schenkel dröhnt. Haar streift azurbewinkt.

O Wang-Gefilde: Sonnen-Promenaden.
O Lippen-Küsten: schwankend und karmin.
In Ozean-Haut ein Wrack der Glieder baden ...
Der Augen Schwärme Dein Geschlecht beziehen.

Ja Gruft der Betten. Unsere Körper landen
Dort bei den Ländern sommerschwülen dicht.
Hah! Schäume Bluts zu Klippen-Knieen brandend.
Zerrissenes braust Dein falberes Angesicht.

RENATE RASP

Sparschweine

… und alle Jungs
haben die Ärsche voll
und können nicht mehr hoch
bis auf den
der sich gerade
aufgerichtet hat und
seinen Arsch weit ausein-
anderreißt
für ein Gelächter
oder einen Regen
silberner Fünfmarkstücke.
Alle werden
bis auf die Haut naß
und da ist die Wolke auch
schon vorüber.

STEFAN DÖRING

andersrum

die schwulen hunde
die in fernseharsch glotzen
und kurz vor sendeschluß
den kanzler ficken

entschuldigen sie bitte

die sofatunten
spitzendecke überm schwanz
wenn sie beim kaffee
von ersatzteilen reden

die investtransvestiten
die westen wenden
hintern anner wand
geschlecht gen osten

sados und masos
sie kommen zusammen
eh regierten gummiknüppel
aufruhr ins loch zu stecken

und ich warmer bruder
der soviel mitgefühl hat
mit all den ärschen
ich blicke dir in die augen
mein leser

KARSTEN WITTE

Grenzen

Mit dem Kopf in der Scheiße
stecken nur die Gefolterten
und jene Grenzgänger
die sich zur letzten Lust
den Leib der Geliebten
von innen besehen

Wir haben den Kopf oben
die Augen offen nicht wahr
denken nicht an Selbstmord
wir braven Ficker bedienen
uns nur der Faust die wir
sonst nicht mehr hochkriegen

Schneefall 2

Eine Weile noch sah sie in den Schnee hinaus, verträumt, ungläubig, geschmerzt von der Schönheit, die ihr widerfahren war. Sie lehnte die Stirn ans kühle Glas, lachte lautlos in sich hinein, ging nochmals ins Bett, erregt vom Gedanken, daß sie ihr alles schreiben würde. Mein Herz und mein Himmel. Ich zog mich aus, langsam und gründlich. Nackt legte ich mich in deinen Geruch, rieb meine Brustwarzen über die Stelle, wo du dich ergossen hattest und wo das Leintuch ein wenig steif war. Die Finger tief im Feuchten, preßte ich die Beine zusammen und wiegte mich in den Hüften. Jedesmal, wenn sich mein Gesäß öffnete, stellte ich mir vor, du wärst hinter mir und würdest mich gleich nehmen. Gleich würdest du mich nehmen, gleich, gleich, gleich würdest du dich in mich versenken, würden wir zusammenstecken, ineinander greifen, während ich auf dem Bauch lag und ins Kissen stöhnte, das nach dir roch. Die Bilder der Vorstellung überkreuzten sich mit dem Erlebten, mit den gespreizten Schenkeln, die über deinen Knien lagen, und wie du mit dem Daumen in mich gefahren warst. Gib's mir, nimm mich, mach's mir, spritz mich voll von oben bis unten. Deine Haare über meinem Bauch wie eine rieselnde Peitsche.

Sie nahm den Vibrator, versuchte, ihn in sich hineinzustoßen, aber sie war zu wenig offen, nur die Spitze drang ein, als ihr einfiel, wie sie gestern im Halbdunkel des Kinos vor ihr hergegangen war, ein schmaler Körper mit dieser viel zu großen Jacke und dann der wiegende Gang, dieses Schlenkern in den Hüften, sie hatte augenblicklich eine Erektion gehabt oder wie man das bei Frauen nennen sollte.

Einmal, mein Engel, ist mir das auch im Museum passiert. Du warst am Empfang beschäftigt, hattest mir nur kurz einen wissenden Blick zugeworfen und dich dann wieder der Arbeit zugewandt. Ich genoß mich als Voyeuse, mir schien, du überstrahlest alle mit deinem Flammenhaar und deinen glasklaren Augen. Ich umlauerte dich und genoß die nichtsahnenden Besucher, die träge von Bild zu Bild schlenderten, genoß den Gedanken, daß die Frau hinter der Theke mit mir, ausgerechnet mit mir, ins Bett gehen würde. Mit mir und niemandem sonst. Nur mit mir, die andern konnten sich einen rauf- und runterholen, bis sie wunde Finger hatten, aber ich würde dich rausholen und ins Bett zerren, und du würdest mich vorziehen vor allen andern. Vorziehen und ausziehen und dehnen und öffnen und spreizen und von hinten nehmen mit fester

Hand und deinem ganzen Körpergewicht und deine Brüste an meinem Rücken, Brandmale des Begehrens nach sich ziehend.

Sie kam, indem sie ihren Namen schrie. Es war geil, nur hinterher war's ein bißchen traurig, denn sie hätte ihren erschauernden Leib gern an ihrem Körper auszittern lassen. Dann fehlten ihr auch ihre Wärme, ihr Haar, die gemurmelten Beschwichtigungen, die Küsse, das Nebeneinanderliegen und Reden. Masturbation war auch nicht alles. So gern hätte sie sie noch einmal zwischen die Schulterblätter geküßt, sie liebkost. Schützend hielt sie die Hand über ihr zuckendes Geschlecht. Müde, befriedigt und voller Sehnsucht schrieb sie in die Luft:

Ich möchte dich mal im Museum vögeln, mit dem Rücken zur Tür des Hinterzimmers, du weißt schon, da wo die Sicherungen sind. Ich würde dich hochdrücken am Türblatt, du säßest auf meiner Hand, würdest die Beine um meine Hüften schlingen, den Mund würd ich dir mit Küssen versiegeln, so daß du nur ganz leise und klagend stöhnen könntest, und es wäre mir ein Vergnügen, ein nahezu finsteres Vergnügen, dich dabei zu beobachten, wie du, die Kleider notdürftig zurechtrückend, in die Halle zurückkehren müßtest, zu deiner Arbeit, zu den Besuchern im Museum, etwa so verwirrt und betäubt wie ich, als ich mit dem Wagen rückwärts in den Pfosten fuhr, weil du ... Weißt du noch?

Hinterher zieht sie sich an, weil sie Hunger hat und ein Bier braucht. Die Jeans, der Pullover, das verzogene Unterhemd. Irgendwie liegt aller Stoff ganz freundschaftlich auf ihrer Haut. Das Brot ist gut zu ihr, das Bier ist kalt, und in den Häusern gegenüber geht das Licht an wie in einem Adventskalender. Sie sitzt am Küchentisch, raucht eine Zigarette, träumt wieder in den jetzt nachtblau gewordenen Schnee hinaus, und dann schreibt sie wirklich:

Liebe, meine Liebe, ich brenne, mir knallen die Sicherungen durch, eine nach der andern. Du schälst mein Mißtrauen ab auf die gefährlichste Weise. Du hast mich schon ganz enteist. Mir ist so wohl mit Dir, und doch ist es gut, zu wissen, daß Du auch wieder gehst, daß das Begehren keine Schraubzwinge ist, die in Erstickung endet, sondern ein Schlag von Zeit zu Zeit, der uns ins Eigene stößt. Komm wieder, mein Raubtier, my lonely hunter. Komm, wir machen uns ein schönes Leben, solange die Liebe währt.

GEORG HEYM

Abends

Es ist ganz dunkel. Und die Küsse fallen
Wie heißer Tau im dämmernden Gemach.
Der Wollust Fackeln brennen auf und wallen
Mit roter Glut dem dunklen Abend nach.

Das Fieber jagt ihr Blut mit weißem Brand,
Daß sie sich halb schon seinem Durst gewährt.
Sie bebt auf seinem Schoß, da seine Hand
In ihrem Hemd nach ihren Brüsten fährt.

Hinten, im Vorhang, in der Dunkelheit
Steht auf das Bett, der Hafen ihrer Gier.
Wie Wolken auf dem Meere lagert breit
Darauf der Dunst von schwarzem Elixier.

Wie wird es sein? Sie friert in seinem Arm,
Der ihren nackten Leib hinüberträgt.
Es zittert auf in ihrem Schoße warm,
Um den er wild die beiden Arme schlägt.

Ihr blondes Haar brennt durch die Nacht, darein
Die tiefe Hand des feuchten Dunkels wühlt.
Der Sturm der Wollust läßt sie leise schrein,
Da seinen Biß sie in den Brüsten fühlt.

III

Das Gärtlein still vom Busch umhegt,
Das jeden Monat Rosen trägt,
Das gern den Gärtner in sich schließt,
Der es betaut, der es begießt,
Es lebe hoch!

Der Bergmann, stark und wohlgenährt,
Der ohne Licht zur Grube fährt,
Der immer wirkt und immer schafft,
Bis er erlahmt, bis er erschlafft,
Er lebe hoch.

CHRISTOPH MARTIN WIELAND

INKA BACH

Midi sonne

Mittag. Sommerende.
Lila und Rot auf der Palette.
Landschaften breiten sich aus,
bepinselt, umfaßt, beschattet.

Ein schwarzer Knopf nur,
den anderen verlor mein Kleid,
zitternd.
Jetzt trinken, von dir.

Kamasutra kühl,
Satyrluft salzig.
Von der blauen Armbanduhr, riesengroß
miaut, klappert und tropft es.

Wir tauschen Beine und Bogen.
Es hat längst Zwölf geschlagen.
Springen über den Teppich hinaus.
Geh nur, Sommer, geh!

FRIEDRICH CHRISTIAN DELIUS

Ausflug

Mitten in der Stadt weich
zwischen dunklen Alleen liegen –
langsam öffnen Bilder sich

Wind fährt durch Jalousien –
Wimpernstürme verschieben
die Kontinente der Haut

Keine Hand frei,
die Uhrzeiger festzuhalten –
der alte Neid auf sechsarmige Götter

Ich weiß, was der Tod ist, aber
kenn ich das Leben –
Bleib, schöne Leichtigkeit, bleib!

ohne zu fragen

Wenn mein ganzer Körper
ein Fragezeichen ist,
gibst du ihm die Antwort.

Wenn ich stumm bin, ein Fisch
und schwimmen möchte und schweigen,
schweigst du und schwimmst mit mir.

Außer dir, mein Leben
Angst, halsstarrig.
Du fragst nicht.

Wenn du meinen trotzigen Nacken küßt,
werde ich kein Schwan, keine Möwe,
bleibe ein Fragezeichen.

Was will ich denn mehr

Wenn die Minute gekommen ist
und die Geliebte das rechte Bein leicht
anhebt, anwinkelt, streckt

und mit beiden Händen
den schönen Strumpf vom schöneren Bein
schiebt, zupft, zieht

und die Anmut ihrer Bewegungen,
nur schneller, am linken Bein steigert
und Küsse Griffe, Griffe Küsse werden

und wir von Herzen
ineinander tauchen:
was, was, was will ich denn mehr –

Septemberrose am Savignyplatz

im Dauerlauf und doch
zu spät
der Glaspalast zu hell
wieder zu viele Zeugen
zu wenig Zeit bei den Steinen
atemlos der Rose nach
zum Bauchtanz noch schnell
dich vom Stuhl ziehen
dein stilles Staunen unter der Maske
über uns die Rose, wach
wartet blüht und verblüht
wir sind längst fort

An eine Langstreckenläuferin

Wie deine schnellen Schritte
die ganze lange Straße
zu meinem Herzschlaggebiet machen!

Eine Hand am Weinglas springt über,
den Blicken nach – schon eilen wir
hinaus, der Rose nach, ins Freie!

Und stark bist du,
daß Stühle vor dir fallen und
das Parkett sich um meine Achse dreht!

Du bist der, den ich –
Atem holen, Atem holen –
Du bist die, die ich –

ein Sonntag im Oktober

ich liege unter deiner Stimme
deiner erregenden Stimme
dich wähle ich, dich

an diesem Sonntag im Oktober
schreit die Stadt von allen Wahlplakaten
ich brauche dich

rotes Laub, gerötete Gesichter
trunken, zerzaust, feucht
Luxus und Wollust

am Wahltag Champagnerherbst
ich trage dich mit mir am Abend
und die Kinder den Wald im Haar

Wählen gehen

Zwei Stimmen
kreuzen sich in der Tiefe
und werden eine Stimme –

Ein Gleichtakt:
unter Tausenden wählst du mich,
unter Tausenden wähl ich dich –

Ein Lidschlag,
hinter dem alle Wörter versinken,
Hochrechnungen schmelzen auf offenen Poren –

Ein Knospen im Herbst,
ein Ineinanderschweben, ein Stundenglück,
ein Ächzen, ein Jauchzen, nun sein –

Hüftschwung

dein Körper hat keine mächtigen Muskeln
die mich zerdrücken, deine Wangen tasten
haben keine Stoppeln
die mich zerschaben
hochgespannte Saiten spielen dein Lied
du bist ein zwitschernder Gärtner im Lustgarten
von Feuer gehärtetes Metall, undurchdringlich
bunte Vögel nisten auf dir
eine Bachstelze wippt ihr Hinterteil
kleine Affen stiebitzen dir Bananen
und beißen schnell in deine Hand
darin Orangen liegen
mit deinem Hüftschwung entledigst du dich
des Paradieses und stellst die Uhr
kämmst den Scheitel
schnürst die Schuhe und
bringst das nächste Mal mir
er ein neues Lied mit

Aus dem Wörterbuch des Flüsterns

Haarwörter,
leichter als Wind
fahren sie in 8 Sekunden um deine Welt

Nackenwörter,
erste Schneeflocken,
die auf den Wirbeln schmelzen und in Wärme sinken

Brustknospenwörter,
Brustknospenwörter,
der Höflichkeit eines Nomaden in die Hand gegeben

Rückenwörter,
der Bogen der Lippen
streicht über die Saiten der unerforschten Seelenfelder

Nabelwörter,
mit denen die Zunge
die Tiefen besteigt

auf dem Sprung

über die Straße zu dir
verdeckt versteckt
mit der Kraft einer Feder
springe ich über Pfützen
überwinde den Alex
den Abend atemlos
mit Schwung ein Sprung

über die Brücke zu dir
verdeckt versteckt
der Fernsehturm
verhüllt der Vollmond
rase zum Lustgarten
ungestüm, Lebenshunger
noch eine Drehung in der Luft
noch einen Augenblick kreiseln

über die Straße zu dir

Sprachlos

Ein Hüftschwung –
Fahrstuhl aufwärts –
die Schenkelbahn wohin –

Zwei irritierte Rosen,
aneinandergelehnt:
küsse, spreche, steche mich!

Frühlingsblitze
zucken aus den Gliedern in die Luft,
der Donner schweigt, es fällt kein Blatt –

Engel haben lange Beine
und Flügel aus Leder, bunt und starr
oder aus Fleisch und Blut
Pansfüße
Schwanenflügel
weiß und schwer
im Hornansatz
himmlisch

Altersloser Abend

Ein schlanker Sommer im April,
hell leuchtet ein Kostüm vorm Abendblau,
wohin wohin, wenn alle Knospen springen –

So fürchterlich erwachsen ist die Welt,
daß, wer sie überlisten will, zum Teenager mutiert –
was für ein Doppelglück, wenn zwei wie 17 werden!

Und wieder, in der Reife des Behagens,
voll Dankbarkeit für jene grenzenlose
Macht der Zungen und des Flüsterns,

die beiden, mösenfrech und eichelzart und
umgekehrt, im Lachen und im Schweiß vereint:
das Paar: verewigt wie auf Griechen-Vasen –

Akt

Fleischocker,
Neapelgelb, dunkel
und Grün, ja Grün.
Ton in Ton
streicht er mir über den Körper,
schimmere ich. Schnelles Licht,
trunkene Flecken.
Im Gegenständlichen
wird er abstrakt,
im Abstrakten wieder nüchtern,
und ich vielleicht
viel leichter.

Führungen, Bisse

Die Hand,
südwestlich der Herzmitte,
entfacht den Brand: das willkommene Feuer –

Der Mund,
an deine Brüste geworfen
mit anemonenroten, lachzarten Bissen atemlos –

Die Zunge
spricht laut mit allen Poren
und reibt dir das Licht auf die Haut –

Was für ein Tier
werd ich, in deiner Wildnis gefangen,
im Feuer, in Disteln, im Vorsprung des Lebens –

Reiselust

du kommst ruhig durch die weit geöffnete Tür
du bist geritten, Bote, auf dem Weg
nein, auf Zwischenstation, kein halbes Jahr

du bringst keinen Brief
wir haben Zeit
Farben zu mischen, Narben zu zählen

erzählen unsere wilden Spuren
ziehen schräge Linien, bemalen Falten
und wickeln schließlich Haare um Pinsel

nie ein leichterer Abschied
leicht deine Tasche, lachend dein Hut
weit geöffnet meine Arme

die dich nicht berühren
immer noch scheint die Sonne
als wären wir auf dem Weg

Nachtmahl

Dem Müden schenkst du Fisch, Spinat und Wein,
einen Raum voll Cembali, eine Wanne voll Wasser
und den besten Porträtmaler der Stadt, der uns malt,
wie ich mein Ohr auf dein Schamhaar lege –

Ausruhen an der fliegenden Unendlichkeit
deines Leibs, im Prisma eines Ohrläppchens,
auf den sieben Hügeln einer einzigen Fingerkuppe
und im vielfarbigen, suchenden Tanz –

Entblößt in verschiedenen Enttäuschungen, atemlos
erschrocken vor der langen Fahrt, die uns bevorsteht,
sehen wir unsere Adern aneinanderlehnen, Herz-
schläge, die ein dreister Gott in Einklang bringen will –

Im Schlaf pocht eine Blutbahn an der andern,
unter der Haut kreuzen sich zwei Nervensysteme,
und die Wut fliegt aus ihren Nestern auf,
eh am Morgen Baggerzähne Kabel suchen, uns zu trennen –

disziplinert und ungebremst

ich wollte zu dir
einsteigen am Abend
im Erdgeschoß
du sagtest nein
ich wollte dich im Hausflur
im Pankower Gebüsch
im Auto immer
auf mich an mich
in mich nehmen
du sagtest nein
wenn du ja sagst, ja
sag ich dann nein?
Nein.

Gegenlicht

Dem Licht unterwerfe ich mich, das dich so wunderbar macht,
wenn die Dinge aus dem Schatten treten in der Morgenfrühe
und alle Welt schon wieder auf POWER drückt,
mit Schlüsseln hantiert und auf die Hupen haut –

Deinem Schatten unterwerfe ich mich, der sich vom Schatten
des Vorhangs löst, und eh ein Fingerdruck dich aus den Tiefen
des Schlafs heben könnte und die Funken der Nacht
wieder aufglühen, dank ich dem Licht, das auf deiner Haut weidet –

Die Blüten deines Körpers liegen verschlossen,
der Doppelanker der Brüste im Gegenlicht,
dein Atem bewegt und teilt die Schattenlinien,
und die Arme tasten schon nach dem nächsten Versprechen –

Alles gesagt und alles beginnt immer wieder,
wach vom Lippengeschmack und den fröhlichsten Abstürzen,
danke ich dir, daß du lachend und traumsicher über Brücken
und gefährliche Straßen springst vom einen ins andere Leben –

Ich will dein Schattenlicht sein und dir folgen,
wenn du wieder zu früh aufstehst und Kaffee trinkst,
als wäre fast nichts gewesen, aber ich muß bleiben und weiß,
das Beste von dir, es bleibt noch eine Weile bei mir –

ANASTASIUS GRÜN

Die Brücke

Eine Brücke kenn ich, Liebchen,
Drauf so wonnig sich's ergeht,
Drauf mit süßem Balsamhauche
Ew'ger Frühlingsodem weht.

Aus dem Herzen, zu dem Herzen
Führt der Brücke Wunderbahn,
Doch allein der Liebe offen,
Ihr alleinig untertan.

Liebe hat gebaut die Brücke,
Hat aus Rosen sie gebaut!
Seele wandert drauf zur Seele,
Wie der Bräutigam zur Braut.

Liebe wölbte ihren Bogen,
Schmückt ihn lieblich wundervoll;
Liebe steht als Zöllner droben,
Küsse sind der Brückenzoll.

Süßes Mädchen, möchtest gerne
Meine Wunderbrücke schaun?
Nun es sei, doch mußt du treulich
Helfen mir, sie aufzubaun.

Fort die Wölkchen von der Stirne!
Freundlich mir ins Aug' geschaut!
Deine Lippen leg an meine:
Und die Brücke ist erbaut.

WOLF BIERMANN

Er kam mit dem Wind

Er kam mit dem Wind
Was kümmerts den Wind
   ob er darf, ob er soll oder muß
Er griff ihr im Vorübergehn
Ins Herz und blieb nicht einmal stehn
   beim ersten Kuß

Sie fragte ihn nicht
Im Dämmerlicht
   sie gab sich den Düften hin
Und ließ sich von seinen Händen kirrn
Und fühlte die Narbe auf seiner Stirn
   sein Stachelkinn

Sie flogen davon
Es galt die Räson
   nicht mehr: was man darf, soll und muß
Sie machten einen rüden Ritt
Und flogen in Richtung Süden mit
   dem Pegasus

Ein Flügelschlag
Tief unten lag
   die kleine Menschenwelt
Ein spätes Kranichpärchen hat
Sich in den Lüften fliegematt
   hinzugestellt

Sie ging mit dem Wind
Was kümmerts den Wind
   ob er darf, ob er soll oder muß
Sie griff ihm im Vorübergehn
Ins Herz und blieb nicht einmal stehn
   beim letzten Kuß

KARL MICKEL

Die Hurerei, oder: Das Leben

1

Die Feile an der Haut der Tibet-Teppich.
In deinem Stall in meinem. In den Lüften
Siebzehnter Stock. Wo uns die Tiere fraßen.
Im Wasser am. Bei Der zu Gast und Jenem.
Fümf Städte fümfzehn Wohnungen ein Felsen.
Wie oft ich weiß nicht und wieviele Stellungen!
Du schönes Irrlicht meiner Wege Stern

2

Erwäge doch. Ich sahe in der Kaufhalle
Wohin ich ungern gehe (– du siehst grün aus
In solchem Licht) dort stationierte Mischwesen:
Vom Gürtel aufwärts Weibchen, bodenwärts
Apparatur, die piepst und schnauft und röchelt
Wenn Fingerkuppen (– kurzgefeilte Nägel!)
An numerierte Knöpfchen tippen des
Konstrukts in mathematisch jeweils gänzlich
Unvorsehbaren Folgen. Draufhin unten
Ein Schub sich auftut, die humane Kralle
Hineinstopft Scheine und grabscht Scheidemünze.

SARAH KIRSCH

Don Juan kommt am Vormittag

Don Juan kommt am Vormittag
So schrieb er im Telegramm was
Mich nachdenken ließ ich hatte den Mond
Eingeplant und Fontänen nun blieb
Nicht viel Zeit nicht mal die Augen
Größer malen die Füße nicht waschen
Ich stand wo sie anfängt die Stadt sah ihn
Im wehenden Mantel auf einem Rennrad
Den weißen Schal von der Schulter flattern
Herannahn die Lippen zersprungen und tief
Lagen die Augen ich fragte ihn
Weshalb er so früh sei sicher später
Ein Rendezvous mit einer Schönheit
Achwasdummheit er stellte das Rad
Schräg in die Luft er nahm den Hut ab
Legte uns beide ins Gras das rings
Üppig zu werden begann zog Vögel
Aus Metall auf die fingen zu singen
An daß es schallte Variationen
Über ein Thema von Mozart ich kenn das
Sagte er und alle Platten-
Spielersysteme Schönberg und
Ich werd dich jetzt das wird aber gut sein

Dies ist der letzte Vers, den ich dir schreib
Wieviele Nächte lagst du mir zur Seite?
Bleib bei mir auch an diesem Abend heute
Daß meine Haut ich sanft an deiner reib.

Daß wir noch einmal unsrer Herzen Glut
Anfachen mit dem Atem unsrer Lungen
Und Mund an Mund verschmelzen unsre Zungen
Und auf den Lippen mischt sich unser Blut

Noch einmal bin ich ganz in deiner Hand
Noch einmal will ich, wenn die Nacht beginnt
Auf dich und deine Liebe ganz vertrauen

Schlaf ein. Ich drehe mein Gesicht zur Wand
Und meine Augen sind von Tränen blind
Laß dir von andern nun Sonette bauen

IV

Es wolt ein meydlein grasen gan
fick mich lieber Peter
und do die roten röslein ston.
fick mich mer du hast's ein ehr
kanstus nit ich wil dichs lern
fick mich lieber Peter.

AUS PETER SCHÖFFERS ›LIEDERBUCH‹

KETO VON WABERER

Reise zum Mittelpunkt der Welt

Hubert liebte die Frauen nicht, aber sie liebten ihn. Vielleicht kam das daher, daß er sich vor ihnen fürchtete. An Sommernachmittagen, wenn sich alle Frauen seiner Familie auf dem Balkon, unter dem Sonnenschirm, um den Kaffeetisch drängten, haßte er sie sogar. Seine zwei Schwestern, seine Mutter und Tante Lene redeten durcheinander und bohrten ihre Gabeln in den glibberigen Obstkuchen. Alle trugen diese ärmelfreien Kleider, aus denen ihre mächtigen, keulenförmigen Oberarme quollen, und entblößten beim Haareordnen die feuchten Büschel ihrer Achselhöhlen. Sie stopften Gabeln Sahne in ihre rot gefärbten Mäuler, schlugen kreischend nach Wespen und machten, daß Huberts Ohren vom vibrierenden Ton ihrer hohen Stimmen zitterten. Hubert, lang und mager wie Papa, wollte sich nicht zu ihnen setzen, er lehnte am Balkongeländer, ein Büchlein in der Hand, und wies die dargebotenen Kuchenteller zurück. Papa war desertiert, vor Jahren schon hatte er sich aus dem Staub gemacht und Hubert bei den Frauen zurückgelassen. Diese Frauen liebten ihn abgöttisch und mitleidig: »Unser armer kleiner Hubert, hat nur Bücher im Kopf.« Sie betasteten seine Rippen und unterhielten sich in Bühnengeflüster über seine Magerkeit, seine Männlichkeit und seine Mißstimmungen. Dann lachten sie herzhaft und ohne Arg und versuchten, ihm Teller, übervoll mit Nahrung, aufzudrängen. Hubert aber zeigte es ihnen. Er verweigerte alles und blieb dürr, hungrig und in seine Bücher verloren.

Abends, wenn er sich endlich im Badezimmer breitmachen konnte, in dem noch Wolken von Frauendunst hingen, betrachtete er sich im Spiegel und fand sich bleich und schön, wie er es neulich in einem russischen Roman gelesen hatte, danach rollte er sich auf dem Sofa ein, auf dem liebevolle Mutterhände jeden Abend sein Bett auslegten. Seit Tante Lene eingezogen war, kampierte er im Wohnzimmer.

Nun hätte man denken sollen, daß Hubert, umgeben von Frauenfleisch, jeglicher Weiblichkeit abgeschworen hätte; aber dem war nicht so. Nachts plagten ihn die abartigsten Träume. Gewaltige Frauenhände hoben ihn auf und entkleideten ihn – der nicht größer war als ein Daumen – geschickt und ohne viel Federlesens. Man drückte ihn an einen riesigen Mund, Lippen dünn und knitterig wie Fallschirmseide, dazu tropisch heiß. Im Traum hatte er keine Angst, wenn eine riesige glitzernde Zunge zwischen den Lippenwülsten auf ihn zu schwoll und er sich alsbald von hinten und vorne liebkost fand. Mit silbrigem Schleim überzogen und naß wie ein neugeborenes Kalb, verweigerten ihm seine Glieder den Gehorsam, lieferten ihn dem rosigen Monster aus, ja bewillkommneten es mit freudigem Erschauern. Sein Wohlgefühl schwoll an, ballte sich in seiner Mitte, stieg weiter, überschlug sich und explodierte in einer pulsenden Milchstraße. Am nächsten Tag kicherten die Frauen, wenn sie sein Bett machten.

In wachem Zustand ekelte ihn vor seinen Traumbildern, und er behandelte die um ihn bemühten Frauen mit womöglich noch größerer Kälte als sonst. Sie bemerkten es nicht einmal.

Aber auch tagsüber entkam er seinen Träumen nicht wirklich. Er stand im Buchladen, in dem ihm Tante Lene eine Lehrstelle besorgt hatte, und faßte alle Frauen ins Auge, und es waren viel mehr Frauen als Männer, die vor den Tischen mit ausgelegten Büchern herumgingen und ihn um Rat fragten. Er galt als belesen, ja als Bücherwurm, unbestechlich in seinem Urteil. Die beiden ältlichen Buchhändlerinnen, die ihn ihren »begabten jungen Kollegen« nannten, zählten nicht zu den Frauen. Sie schienen ihm Wesen für sich zu sein. Wer weiß, ob in ihren Adern Blut floß und ob sie jemals schwitzten. Das machte sie ihm lieb und angenehm. Sie kochten ihm Kaffee und lobten seine Krawatten. Wenn wenige Kunden im Laden waren, hielten sie wohl auch einen kleinen Schwatz mit ihm und zeigten sich beeindruckt von seiner Bildung und seinem Sendungsbewußtsein, was den Buchverkauf betraf. Nur er wußte, wie erniedrigend er es fand, Bücher zu verkaufen, wie unsicher ihn die zudringlichen Kundinnen machten. Er litt unter seinem Geheimnis.

Hubert begutachtete alle Frauen, mußte alle Frauen prüfen, es war wie ein innerer Zwang. Er sah zu, wie sie sich die Nasen putzten, die Finger anfeuchteten, um zu blättern, wie sie nach der Geldbörse kramten. Er zog ihnen die Kleider aus, stellte sich vor, wie sie vor ihm knieten und wie er lachend aus dem Zimmer ging. Er war in Sicherheit; verschanzt hinter seinen Büchern, studierte er sie wie eine seltsame Spezies. Er suchte nach Fehlern und fand sie, er suchte nach Ekel und fand ihn. Es war leicht, sich über sie zu erheben: Er wollte nichts von ihnen. Sie aber wohl von ihm.

Mechti und Carola, die alten Streitrösser, wie er sie nannte, warfen sich Blicke zu, wenn ihn eine jener Schwärmerinnen in eine Ecke drängte und auf ihn einredete, ihm die Krawatte zurechtrückte oder sich überschwenglich für seinen guten Rat bedankte.

»Du machst dir nichts aus Frauen«, sagte Carola beim Kaffee im Hinterzimmer. »Magst du Männer?«

Mechti lachte und wies Carola zurecht. »Sei nicht so indiskret, Liebes. Er liebt seine Bücher, das sollte uns genügen.«

Hubert senkte den Kopf. Sein Körper, dieser Verräter, verlangte nach Frauen, das war ihm bewußt, der Rest aber verweigerte sich ihnen mit aller gebotenen Vorsicht und Vernunft.

In der Nacht, die folgte, gerieten ihm seine Träume noch ausschweifender als jemals zuvor.

Er kletterte über seine Riesin, hin, nachdem ihn ihre riesigen freundlichen Finger, in einem kleinen hastigen Bogen, bei dem ihm der Wind um die Ohren pfiff, auf dem Poster ihres Bauches abgesetzt hatten. Er strauchelte in die Grube des Nabels, rappelte sich auf, um sogleich vom Erdbeben ihres Gelächters wieder hineinzupurzeln. Sie lachte irgendwo da oben und so laut, daß es rollte wie ein Gewitter. Das dunkle Gehölz am Fuße des Hügels zwischen den aufragenden Abhängen ihrer Schenkel schreckte ihn, ja erfüllte ihn mit bösen Ahnungen – ›Terra incognita‹. Er wandte sein Gesicht den schwankenden Zwillingssonnen zu, die er weit entfernt am jenseitigen Horizont aufgehen sah. Das spärliche blonde Gras um seine Füße hatte sich aufgerichtet. Es war nicht leicht voranzukommen, nun, da sich ein neues Beben ausbreitete. Unter seinen Füßen gluckerte und rauschte es von unterirdischen Wasserläufen. Sein Körper ließ ihn im Stich wie immer. Die Finger kamen ihm zu Hilfe, prüften spielerisch, was sich ihnen entgegenstreckte, hoben ihn den Zwillingssonnen entgegen und schoben ihn, ehe er sich's versah, zwischen die riesigen seidigen Himmelskörper. Dort blieb er eingeklemmt, wie eine Laus zwischen zwei Fingerkuppen. Unter ihm dröhnten zögernde Trommelschläge, um ihn ein betäubender Geruch von Milch und Honig. Er verlor die Besinnung.

Im Laden am nächsten Morgen schien ihm Mechtis gepanzerte Brustblattform bedrohlich nahe zu kommen, als sie ihm beim Nachschlagen im Katalog zur Hand ging. Carola, unbedenklich flach unter ihrem Männerhemd, reichte ihm den medizinischen Atlas, den er mit fahrigen Fingern bei den Kochbüchern gesucht hatte. Er besah sich den aufklappbaren Frauenkörper ohne Regung. Er studierte die rosa gefärbten Querschnitte und las halblaut die lateinischen Namen. Mechti schickte ihn zu den Kundinnen, die seiner bedurften. Er empfahl ihnen die Bücher der Bestsellerliste. Was wußte er schon, was diesen Wesen gefiel?

Ehe er an diesem Abend aus dem Laden entlassen wurde, bürdeten ihm die Damen einen Stapel Kunstbücher auf, die er auf dem Heimweg abzuliefern hatte – bei Frau Ellenried, einer guten Kundin, die stets alles zur Ansicht erhielt, was sie verlangte. Frau Ellenried arbeitete an einem »herrlichen Buch«, wie Carola zungenschnalzend sagte: Die Gestalt der Frau in der Kunst. »Hure, Mutter und Göttin«, fügte Mechthild jubelnd hinzu und gab ihm einen Klaps auf den Hintern, als sie ihn entließ.

»Irgendwie hat der Kleine einen Triebstau, so kommt er mir vor«, hörte Hubert sie sagen, als er vor der Tür breitbeinig die Last der Bücher auszubalancieren suchte. »Er ist noch Jungfrau, da wette ich«, rief Carola trillernd von der Leiter, auf der sie stand. »Feministinnen«, dachte Hubert angeekelt. Wenigstens waren die Frauen zu Hause, was das betraf, dumpfes Schlachtvieh. Unerträgliche Heulereien bei widrigen Männergeschichten gehörten dort zur Tagesordnung.

Frau Ellenried – und Hubert konnte sich nicht erinnern, sie je im Laden, geschweige denn unter seiner Fangemeinde gesehen zu haben – öffnete die Tür in einem Aufzug, den Hubert fast als Beleidigung empfand. Eine kleine drahtige Person mit einem dottergelben Haarschopf, der, nachlässig aufgesteckt, von ihren Händen ständig daran gehindert werden mußte, sich aufzulösen. Das Alter unbestimmbar im trüben Licht, der Körper verborgen unter einem riesigen angeschmuddelten Männernachthemd – gebiberte Baumwolle, Huberts Mutter nähte solche Hemden.

»Mein Inspirationsgewand«, rief Frau Ellenried mit hoher Kinderstimme. »Legen Sie alles hier ab.«

Die Wohnung, eine Buchwüste, nein, eine papierene Karstlandschaft, massige Stapel, unterbrochen von wilden Zeitungshaufen, auf denen schmutzige Schuhe standen, Äpfel lagen und Katzen saßen.

»Sie nehmen einen Tee?«

Hubert, von seinen Damen angehalten, liebenswürdig zu sein, vor allem mit den guten Milchkühen des Ladens, setzte sich halbherzig auf einen Lederpuff, der pfeifend unter ihm nachgab.

Aus Frau Ellenrieds Frisur rieselten Haarnadeln auf den Tisch, als sie mit einer beherzten Bewegung ein paar Taschenbücher von der Tischplatte schob, um seine Tasse abzustellen.

»Glück gehabt. Heute Tee aus weißem Ingwer, für Männer das Beste, gleich nach Austern«, sagte sie und ließ sich aufs Sofa fallen. Der Tee schmeckte wie verdünnte Katzenpisse.

»Gerade im richtigen Moment«, rief sie atemlos. »Ich brauche eine männliche Testperson, also stellen Sie mal den Tee weg.«

»Man erwartet mich zu Hause zum Abendbrot«, sagte Hubert mit aller Würde, die er aufbringen konnte. Frau Ellenried winkte ab. Sie schob ihn auf seinen Sitzpuff eigenhändig zurück und klappte eine Mappe vor ihm auf, in der große glänzende Farbkopien von Gemälden lagen.

»Also, ich dachte so!« Frau Ellenried stützte sich mit dem Ellenbogen auf sein Knie und fing an zu blättern. Hubert, nun wieder gefaßt, da er dieses seltsame wirrhaarige Huhn keinesfalls als gefährlich empfand, beugte sich über die Mappe. Lauter Frauen. Zuerst nur unsäglich fette gesichtslose Körperchen, die ihn vage an Schulbesuche im Museum erinnerten, dann zarte Holzpüppchen mit schwarz umrandeten Augen. Ägyptisch? Weiter. Er ließ steinerne Brüste und Schultern unter marmornen Faltenwürfen über sich ergehen, danach rehäugige Engelsgestalten mit Korkenzieherlocken, um dann plötzlich genauer hinzusehen. Nackte Frauen, nackte fleischige Frauen, die auf Diwanen lümmelten, die Hand zwischen den Beinen. Nackte sehnige Frauen, die in Zubern hockten und sich wuschen. Nackte schmuckbehangene Frauen, die in dunklen Räumen tanzten, leuchtend wie Wunderkerzen, nackte Frauen, denen sich Männergestalten zugesellten, von denen nur noch dunkle Arme und Hände zu sehen waren. Ein kleiner Junge, der die Brustwarze einer Frau streichelte, sie öffnete halb den Mund und schaute mit verschwommenem Blick ins Weite.

»Na?« Frau Ellenried sprach dicht neben seinem Ohr. Sie griff in seinen Schoß, und was sie dort fand, entlockte ihr ein tiefes Gurren. »Sieh an!«

Ehe Hubert sie daran hindern konnte, hatte sie zutage gefördert, was dort im dunklen gewachsen war wie ein Spargel aus weichem Erdreich. Sie umfaßte den Emporkömmling und ließ ihn nicht aus der Hand, während sie Hubert mit der anderen unter die Achsel griff, um ihn aufzurichten. Er hatte der kleinen Person nie soviel Kraft zugetraut. Da standen sie, gottlob war es nicht allzu hell im Zimmer, und Frau Ellenried hielt Hubert, der auszubrechen suchte, fest bei der Stange, brachte ihn lediglich mit ein paar gezielten Schlenkern aus dem Handgelenk zum Keuchen und führte ihn dann hoch erhobenen Hauptes, sorgsam den Pfad zwischen den Bücherbergen suchend, aus dem Zimmer, ganz so, wie man einen Blinden an der Hand hält und führt. Und Hubert war praktisch blind. Die Büchergebirge um ihn wogten wie kantige Brecher. Auf dem Gang traf ihn ein kühler Lufthauch, aber ehe er ganz zu sich kam, umschloß ihn das wärmende Futteral von Frau Ellenrieds Mund gerade dort, wo er abzukühlen drohte, sie hockte vor ihm auf dem Boden, eifrig damit befaßt, keinerlei Ernüchterung zuzulassen. Seine Hände fielen kraftlos in das helle Gestrüpp ihres Haares, und die eigene, völlige Auflösung wiederholte sich in der Auflösung unter seinen Händen. Das Geräusch der aufs Parkett regnenden Haarnadeln traf ihn in seiner fürchterlichen Offenheit wie scharfe, metallische Trommelwirbel, die die gespannte Haut seines Körpers zum Tönen brachten. »Gib mir zu trinken«, nuschelte Frau Ellenried undeutlich und dringlich, und das tat er, hatte er doch mittlerweile jede Art von Kontrolle abgegeben.

Er ließ sich wie vorher, nur weniger griffig, da glitschig, ins Schlafzimmer führen. In der Dunkelheit gingen Bücherlawinen um ihn her zu

Boden. Zeitungsblätter wickelten sich um seine Knöchel, als sie sich zum Bett durchkämpften. Dann lag er, hörte Knistern und Rascheln und war sich einzig der Angst bewußt, hier allein liegen zu müssen. Zu Unrecht.

Frau Ellenried hatte sich ihres Hemdes entledigt. Das sah er, als sie die Lampe anknipste und der Staub der Bücher sich gesetzt hatte. Es war nicht viel dran an ihr, und mit der fülligen Riesin aus seinen Träumen hatte sie nichts gemein. Sie schob ihn zurecht und schlug ihm leicht auf den Kopf, als er die Augen schließen wollte. »Schau her, mein Kleiner!« sagte sie. »Ich zeige dir den Mittelpunkt der Welt«, und schob ihn sachte abwärts. »Gerechter Himmel«, dachte Hubert, aber schon bog sie die Lampe zurecht, um das, was sich ihm darbot, gut zu beleuchten. Verblüfft bemerkte er, daß er äußerst begierig war, den Mittelpunkt der Welt zu sehen, daß er unbedingt sehen mußte, ja, sich immer gewünscht hatte, diese Terra incognita sattsam ins Auge zu fassen. Frau Ellenried gurrte leise, als er sich nach einigen langen, verzückten Blicken daranmachte, zögernd in den wenigen Seiten dieses kleinen Büchleins zu blättern. Alles, was er bisher über diese Bändchen in Erfahrung gebracht hatte, wurde dieser Liebhaberausgabe unter seinen Fingern keinesfalls gerecht. Welch köstliche Farbschattierungen, welch betörender Geruch – aber zum Schwelgen blieb nicht viel Zeit. Frau Ellenried forderte ihn mit sparsamen Bewegungen, halben Lauten und sanften Klapsen auf, sich noch tiefer zu versenken und nicht nur die Finger zu gebrauchen. Das tat er. »Doucement«, murmelte Frau Ellenried. »Sachte, sachte, mein kleiner Forscher.« Am Ende zog sie ihn über sich und bereitete so seinem Wissensdurst ein Ende. Aber das war erst der Anfang. Aus dem Forscher wurde ein blinder Taucher, aus dem Taucher wurde ein atemloser Eroberer, aus dem Eroberer ein siegtrunkener Held. Der Held wurde selbstverständlich zum König gekrönt. Das Volk jubelte ihm zu, Chöre sangen, Goldstaub schwirrte durch die Luft, heilige Löwen brüllten. Ein gewaltiges Feuerwerk stieg in die Nacht. Er war kurz davor, sich in die Reihe der Götter einzugliedern.

Hubert wollte jauchzen, aber aus seinem Mund kam nichts weiter als ein hohes Quieken. »Mein Eichkater«, flüsterte Frau Ellenried und brachte ihn so wieder auf die Erde zurück. »Das war hübsch.« Sie zog ihn an den Ohren und tätschelte seinen Hintern. »Es gibt noch viel zu lernen«, versprach sie ihm, und er machte sich sogleich daran. Als er Frau Ellenrieds Studierstube verließ, sangen schon die ersten Vögel.

Er tappte nach Hause, ein König, dessen Hauptstadt gerade erwacht. Seine Untertanen kehrten die Straße, trugen Zeitungen aus und führten Hunde spazieren. Er grüßte sie alle leutselig.

In der Frühdämmerung auf dem knarzenden Sofa träumte er zum letzten Mal von seiner Riesin. Sie setzte ihn auf ihrem dichtbewachsenen Hügel ab und gab ihm mit einem Schnippen ihrer Finger die Richtung an. Das wäre nicht nötig gewesen, Hubert kannte den Weg.

Am nächsten Morgen, als vier entrüstete Augenpaare am Frühstückstisch auf ihm ruhten – das seiner Mutter gerötet von drohenden Tränen –, verschlang er, ungerührt, vier Spiegeleier. »Ich ziehe aus«, sagte er freundlich, »und bis dahin will ich in meinem Bett schlafen. Tante Lene in allen Ehren.«

CARL MÜLLER, GENANNT SAUMÜLLER

Der Komet im Jahre 1819

In seinem Taubenkobel hoch
Saß Meister Winterbrand
Als weltberühmter Astrolog,
So wie als Arzt bekannt.
Der blickt empor zum Sternenheer,
Und ach! erschrickt so sehr.

Ein Unglücksbote, ein Komet,
Zeigt sich gen Westen hin,
Der Schwanz jedoch gen Bayern steht,
Was führt wohl der im Sinn,
So dachte dieser Wundersmann,
Ein Selbstgespräch begann:

Als Anno 80, spricht er, sich
Hat ein Komet gezeigt,
Da war ganz Bayern fürchterlich
Zur Hungersnot geneigt.
Der Zwölferlaib drei Batzen galt,
Ich selbst hab'n so bezahlt.

Und Anno 93 war
Der zweite mir bekannt,
Da wütete in diesem Jahr
Viehseuch im ganzen Land.
Und selbst, was mich zu Tränen rührt,
Die Hauskatz ist krepiert.

Auch 1800 neune ward
Ein solcher Stern erkannt.
Ein Krieg entstand und drückte hart
Mit Truppen unser Land.
Denn bald darauf bekamen wir
Zwei Bayern ins Quartier.

Und der bedeutet Hungersnot,
Glaubt mir's auf meine Ehr.
So spricht er, zieht ein Stückchen Brot
Hervor, ihm schmeckts so sehr,
Wollt von der Hungersnot nix sagn,
Mir iß nur um mein Magn.

Und nimmt von einem Oberarm
Ein hohles Knochenrohr,
Blickt immer hin, daß Gott erbarm,
Hinauf zum Sternenchor.
Geht endlich auf und ab und spricht:
»Der Schwanz gefällt mir nicht!«

Lisettchen hörte ober ihr
Den Monolog des Herrn,
Und schleicht sich leise an die Tür,
War eben nicht mehr fern,
Als er die dunkeln Worte spricht:
»Der Schwanz gefällt mir nicht!«

Entsetzlich, sprach sie, nimmermehr,
Das kann ohnmöglich sein,
Mein braver tugendhafter Herr!
Der wäre nicht mehr rein,
Und doch sein eigner Mund es spricht:
»Der Schwanz gefällt mir nicht!«

Da muß ich überzeugen mich,
Sonst glaubt ichs nimmermehr.
Sie lenkt die Schritte in die Küch,
Besinnt sich hin und her –,
Und endlich tragt sie gleich darauf
Das Nachtg'schirr ihm hinauf.

Als der das hübsche Mädchen sieht
Beim Mondessilberschein,
So nimmt er sie beim Hals und zieht
Aufs Bettchen sie hinein,
Und drückt sie denn in seine Arm –
Dem Astrolog ward warm –,

Und zögernd wagt er sich hervor
Mit seinem Instrument.
Und drückt dasselbe noch zuvor
Lisettchen in die Händ,
Doch reizlos wie ein Wintertag
Blieb der in seiner Lag.

Sie streichelt ihn so sanft dabei
Und glaubt, nun werd' es gehn,
Doch der bleibt seiner Form getreu
Und wollt nicht auferstehn,
Da seufzt der Astrolog im Bett:
»Ach, wär ich der Komet.«

Und Lischen, als sie endlich sah,
Daß zwar ihr Herr noch rein,
Doch zu dem Liebsgeschäfte da
Nicht tauglich müsse sein,
Steht auf und lächelt, geht und spricht:
»Jaja! der Schwanz gefällt mir nicht!«

BURKHARD SPINNEN

Spaghetti-Träger

Es klopfte. »Ja, bitte«, sagte Endepohl.

Die Tür zum Assistentenzimmer ging einen Spaltbreit auf. »Dr. Endepohl?«

»Ja.«

»Kann ich?«

»Ja, sicher.«

Sie trug einen blauen Mantel. Schritt für Schritt kam sie heran, sie sah an den hohen Metallregalen empor, dann deutete sie auf den freien Stuhl neben Endepohls Schreibtisch.

Endepohl nickte.

Sie strich ihren Mantel unter die Schenkel und setzte sich. Dann stand sie wieder auf. Ob sie vielleicht eine Sekunde lang ablegen könne?

Endepohl schob einen Seminar-Reader und ein Informations-Blatt zum Rand des Schreibtischs. »Ich bräuchte Namen und Anschrift.«

»Petra Ellborn.« Sie nahm ihre Brille ab. »Das ist mir furchtbar peinlich.«

»Was?« Endepohl sah hoch.

»Mich so spät anzumelden.« Persönliche Gründe, und sie möchte nicht darüber sprechen.

»Ach so«, sagte Endepohl. Er hatte nicht zugehört. Die Studentin trug ein Kostüm! Aus einem weichen, senffarbenen Stoff, mit dem auch die Knöpfe bezogen waren; der Rock knielang, und die Jacke tatsächlich mit einer Naht von der Schulter herab über die Brust bis zum Saum. »Wiener Naht«, sagte er leise.

»Wie bitte?«

»Anschrift«, sagte Endepohl. Vor dreißig Jahren, als die Eltern auf das Haus sparten, hatte Mutter für die Nachbarinnen genäht. Die meisten um die Vierzig. Völlig aus dem Leim, sagte der Vater, als Kinder zu viel gehungert. Doch in Mutters Kostümjacken bekamen sie wieder Figur. Endepohl hatte bei den Anproben in der Wohnküche auf dem Ledersofa am Fenster gesessen. Und während seine Mutter die Materialkosten und den Machlohn zusammenrechnete, sah er, wie sich die Frauen glücklich vor dem schmalen Spiegel drehten.

Endepohl schrieb jetzt rasch Namen und Anschrift der Studentin in die Seminarliste. »Für ein Referat müssen Sie noch zum Professor in die Sprechstunde«, sagte er. Gleich, vor dem Seminar. Allerdings sei es ausgeschlossen, noch eines der späteren Themen zu bekommen. Alles schon mehrfach besetzt.

Sie schlug ein Bein über das andere. »Hamann«, sagte sie.

»Was?«

Sie faßte ihre Brille an einem Bügel und ließ sie in der Luft kreisen. »Ich habe mich schon für Hamanns Sprachphilosophie entschieden.«

»Das ist zweite Sitzung!« sagte Endepohl. »Nächsten Mittwoch, direkt nach Kant. Und Referat-Abgabe Montag bis zwölf.«

»Tja.« Die Studentin schloß die Augen und legte den Kopf in den Nacken. Daß sie sich mit der Anmeldung verspätet habe, heiße ja noch nicht, daß sie gänzlich unvorbereitet sei. Sie setzte die Brille auf und strich ihren Rock glatt. Am Revers der Jacke trug sie eine Brosche, ein bräunlicher Stein in einer goldenen Fassung, Blüte und Stil.

»Frank!« Endepohl erschrak. Carola, die zweite Assistentin, stand in der Tür. Der Chef lasse fragen, ob er noch einen Reader haben könne.

»Hat er seinen verschusselt?«

Carola zuckte die Schultern. Endepohl deutete auf den Stapel vor sich. Carola nahm eines der Papiere und sah dabei die Studentin an. »Hallo«, sagte sie langsam. Wieder in der Tür, machte sie Endepohl ein Zeichen: wer das denn sei? Er tat, als habe er nichts bemerkt. »Dann wärs das«, sagte er, als sie die Tür geschlossen hatte.

Die Studentin legte eine Hand an ihren Hals. Da falle ihr jetzt aber wirklich ein Stein vom Herzen. Sie griff nach ihrem Mantel.

Endepohl sprang auf, beinahe wäre sein Stuhl umgefallen. Er nahm ihr den Mantel aus der Hand. »Bitte nur über die Schultern«, sagte sie. Im Frühjahr verkühle man sich ja im Nu!

Endepohl lief voran. »Bis gleich«, sagte er, sie winkte, und er sah ihr den Gang entlang nach.

Nebenan ging die Tür zum Zimmer des Professors. »Wer war denn die Zimtzicke?« sagte Carola. »Kam die vom Karneval?« Endepohl antwortete nicht, er schob Carola ein wenig zur Seite. »Herr Wimmer?«

Der Professor sah von dem Reader auf. »Was gibts?« sagte er freundlich.

»Wir haben jemanden für das Hamann-Thema.«

»Ach, Endepohl!« rief der Professor. »Sie sind ein Genie.«

***

Die Einführung in das Hauptseminar über Sprachphilosophie hielt der Professor selbst. Dann trug Endepohl über Kant vor. Er las ab, gelegentlich unterbrach ihn der Professor für ein paar erläuternde Bemerkungen, am Ende der Sitzung gab es ein paar Fragen zum Seminar-Verlauf. Freundlicherweise, sagte der Professor, habe sich noch eine Referentin für Hamann gefunden. Er nickte Petra zu. Damit seien alle Themen besetzt. Punkt Viertel vor acht war Schluß.

»Kommst du noch mit irgendwohin?« sagte Carola.

Endepohl schüttelte den Kopf. Keine Zeit. Im Vorbeigehen nickte er dem Professor zu. Auf dem Flur hielt er sich abseits; als die Studentin kam, folgte er ihr in einiger Entfernung. Sie ging ins große Foyer, dort öffnete sie ein Schließfach und räumte Papiere aus einer kleinen in eine große Tasche. Endepohl tat ein paar Sekunden lang, als läse er die Anschläge. Dann ging er langsam auf sie zu. »Hallo«, sagte er.

Sie sah auf und lächelte.

»Soll ich mal wetten?«

»Wetten? Was?«

»Daß das selbstgenäht ist.« Endepohl griff das Revers ihrer Jacke und rieb es leicht. Dann fuhr er, ohne sie zu berühren, mit ausgestrecktem Zeigefinger an der Naht entlang von der Schulter herab über die Brust bis zum Saum. »Schwierig«, sagte er. »Da braucht es nur irgendwo nicht hundertprozentig zu stimmen, und schon hat man eine Beule, die sich nicht mehr wegbügeln läßt.«

Sie nickte.

»Selbst beigebracht?«

Sie wiegte den Kopf und spitzte die Lippen. »Teils teils. Viel abgeguckt«, sie hob einen Finger, »und zwei Kurse belegt.«

»Na dann.« Endepohl sah auf die Uhr. Gerade erst acht. Sie könnten noch ins Kino.

Die Studentin zog die Stirn kraus. Das sei ja ein regelrechter Überfall. Was müsse sie da denken!

»Im Programmkino läuft *African Queen*«, sagte Endepohl. »Kennen Sie den?«

Sie schüttelte den Kopf.

»Dann los!«

***

»Und jetzt?« Sie hatten gerade das Kino verlassen.

»Ich wohne außerhalb«, sagte Endepohl. »Und Sie auf der Neubrückenstraße. Wohnheim, oder?«

Sie riß die Augen auf. Woher er das denn wisse? Sie schlug sich leicht an den Kopf. »Die Liste«, sagte sie.

»Stimmt. Also?«

»Ich weiß nicht! Aber ich könnte uns ja«, sie machte eine Pause, dann drehte sie sich einmal um sich selbst, daß ihre Tasche flog, »einen schönen starken Kaffee aufbrühen?«

»Einverstanden!«

Sie gingen nebeneinanderher durch die Stadt. »Wie lange sind Sie schon bei Wimmer?«

»Zwei Jahre.«

»Und Sie wollen sich habilitieren?«

»Das gehört dazu.« Sie kamen auf den Domplatz.

»Darf man das Thema erfahren? Oder ist das geheim?« Sie legte den Kopf schief und sah seitlich an ihm hoch, dann griff sie plötzlich nach seiner Hand, dabei kratzte sie ihn mit dem Fingernagel am Handrücken.

»Au!«

Sie zog ihre Hand wieder zurück.

»Nichts passiert«, sagte Endepohl. Sie schwiegen eine Weile.

»Ich bin noch ganz unentschieden«, sagte sie. In puncto Examen. »Nächstes Jahr will ich auf jeden Fall ins Ausland.«

Endepohl nickte.

»Frankreich.« Jetzt ging es über die kleine Brücke. »Ich finde«, sagte sie, »daß man vieles auf französisch besser ausdrücken kann als auf deutsch.«

Endepohl blieb stehen. »Zum Beispiel?«

»Oh«, sie schwenkte ihre Tasche.

»Ein Beispiel«, sagte er. »Oder war das nur eine starke Behauptung?« Nicht, daß er etwas gegen starke Behauptungen habe. Aber zusammen mit einem Beispiel machten sie sich doch entschieden besser.

Sie legte einen Finger an die Nasenspitze. »Vielleicht Seele«, sagte sie. So ein richtiges deutsches Bürokratenwort. Dagegen *Ame*!

Endepohl lachte kurz. Wenn es nur nicht klinge wie das letzte Amen im Hochamt!

»Haua«, sagte sie. Jetzt habe er es ihr aber gegeben. Sie gab ihm ihre Tasche zu halten, zog eine Handtasche heraus, darin war ein Etui mit einem losen Schlüssel. Sie schloß die Tür zum Wohnheim auf. »Dritter Stock«, sagte sie. »Leider ohne Aufzug.«

Er folgte ihr. In ihrem Apartment zog sie den Mantel aus und warf ihn auf ein Klappbett. Eine Nackenrolle fiel herunter, Endepohl wollte sie aufheben.

»Liegenlassen!« rief sie. »Tritt sich fest.« Sie trat vor einen Kühlschrank, auf dem eine Kaffeemaschine, eine Blechdose und zwei Tassen standen, beide mit ihrem Namen. Sie füllte Pulver in den Filter. »Jetzt kriegen Sie aber einen Kaffee«, sagte sie. Der wecke im Notfall Tote auf.

Endepohl hatte sich auf einen Klappstuhl aus Plexiglas gesetzt. Gegenüber, am Fußende des Bettes, hing ein großes Photo in einem Wechselrahmen. Er sah es an: eine junge Frau stand am Meeresufer vor einem dunkelroten Sonnenuntergang, den Rücken zur Kamera. Sie war nackt, die Beine hatte sie ein wenig gespreizt, mit einer Hand fuhr sie sich durch die Haare, die andere hatte sie auf die Hüfte gelegt.

Petra drehte sich zu ihm um. Er sei ja so still! Dann schlug sie eine Hand vor den Mund und kniff die Augen zu. »Um Himmels willen!« rief sie. Was er jetzt wohl denke! Sie machte einen Schritt, dann blieb sie stehen und winkte ab. Zu spät! Dabei nehme sie es meistens weg, wenn Besuch komme. Und ausgerechnet jetzt! »Tja«, sagte sie und nickte ein paarmal, während sie wieder zum Kühlschrank ging. So gehts einem, wenn man sich zu sicher fühlt. »Andererseits«, sie klatschte in die Hände, »im Grunde bin ich überzeugt, daß eine ästhetische Darstellung niemals anstößig sein kann.« Sie tippte ihn an die Schulter. »Milch?«

»Bitte«, sagte Endepohl.

»Übrigens war das auf Juist.« Sie stellte die Tassen auf einen niedrigen Glastisch mit verchromtem Gestell. »Juist ist wunderbar in der Nachsaison, da bricht das Herbe wieder durch.« Zucker sei übrigens keiner im Haus. Sie öffnete den Kühlschrank.

Endepohl stand auf. Er trat hinter sie, umschlang sie und drückte sein Gesicht in ihr Haar. Dann fuhr er mit der linken Hand unter ihren linken Arm und zwischen zwei Knöpfen in die Kostümjacke.

»Du!« sagte Petra.

Unter der Jacke war eine Bluse. Die Knöpfe saßen enger, Endepohl öffnete einen, um hineinzukommen. Der Spitzenbesatz auf dem BH fühlte sich rauh an. Mit der Rechten zog Endepohl die Bluse aus dem Rock, mit der Linken tastete er nach dem Verschluß. Nach ein paar Sekunden gab er es auf und zog ihr den BH über die Brüste.

»He!« sagte Petra. »Was machst du da?«

Endepohl hatte seinen Kopf nicht aus ihren Haaren genommen. Er biß sie ins Ohr und fuhr ihr mit der Zunge über den Hals, dabei kniff er mit Daumen und Zeigefinger ihre Brustwarzen. »Au«, sagte sie leise.

Er ließ sie einen Moment lang los. Dann ging er in die Knie, packte den Kostüm-Rock seitlich mit beiden Händen und krempelte ihn hoch. Es krachte in einer Naht, als sei ein starker Faden gerissen.

Endepohl hielt inne, den Stoff noch in den Händen. »Scheiße«, sagte er. Da tippte sie ihm mit den Fingern auf die Fäuste und bewegte ihre Hüften. Er zog wieder, und der Rock rutschte hinauf zum Bund der Strumpfhose.

***

Als Endepohl aufwachte, schlief Petra noch. Er blieb ruhig liegen, um sie nicht zu wecken. Ein Fehler! dachte er. Und was für einer. Seitdem er Assistent bei Wimmer war, hatte es so etwas nicht gegeben.

Immerhin war jetzt Morgen. Eben hell genug, daß er das Photo mit der Nackten erkennen konnte. Auf Juist! dachte Endepohl. Als das Herbe durchbrach. Dann stellte er sich vor, wie sie sich geziert hatte. Furchtbar! Er tastete vorsichtig, bis er ihr Nachthemd fühlte.

Sie bewegte sich ein wenig. Gestern abend hatte er sie alles anbehalten lassen, sogar ihre Brille. Eigentlich hatte sie nicht protestiert. Danach, als er ins Bad ging, war sie bewegungslos auf dem Klappbett liegen geblieben, die Nackenrolle noch unter dem Bauch, ihr Gesicht in den Armen, der Rock zusammengeknäult um die Taille, Strumpfhose und Slip um den linken Fuß gewickelt, und ein Stück vom BH sah über den Jackenkragen. Er war sehr lange im Bad geblieben. Als er zurückkam, saß sie nackt auf dem Bett, den Rücken gegen die Wand gelehnt und die Arme hinter dem Kopf verschränkt.

»Komm mal her!« sagte er.

»Warum?«

»Setz dich hierhin.« Endepohl hatte Bücher und Papiere von einem kleinen Schreibtisch geschoben.

»Kalt!« rief sie.

»Ruhig halten!« Mit der Schreibtischlampe hatte er zuerst den Schattenriß ihrer Brüste an die Wand geworfen und dann auf einem Blatt Papier die Linie nachgezogen. Er zeigte ihr das Blatt. »Vollkommen rund!«

Petra hatte den Kopf geschüttelt. Sie friere so. Dann zog sie das lange Nachthemd mit dem Spitzenkragen an.

Ob das auch selbstgemacht sei? Sie hatte genickt.

Endepohl überlegte. Den Rest der Woche hatte er keinen Dienst mehr. Also Zeit genug, erst einmal Abstand zu gewinnen. Er gähnte laut. Dann hustete er. Petra drehte sich zu ihm und sah ihn an.

Er setzte sich auf. »Hallo!« rief er. »Vorschlag: ich hole Brötchen und du kochst Kaffee.«

»D'accord«, sagte sie leise.

Er zog sich an und gab ihr einen Kuß. »Aber so stark wie gestern, hörst du!« Sie nickte, und er zog sich an.

Draußen war es frisch. Endepohl ging zum Institut, schloß sein Rad auf und fuhr nach Hause. Gegen Mittag klingelte ein paarmal das Telephon. Er hob nicht ab. Später zog er den Stecker heraus, und am Wochenende fuhr er zu seinen Eltern.

***

Am Montag hatte Endepohl Dienst. Er schloß sich im Assistentenzimmer ein; mußte er in die Bibliothek, sah er vorher lange in den Gang.

Gegen elf rief Wimmer ihn zu sich. »Sollten wir nicht bis Mittag das Referat von Ihrer Frau Ellborn kriegen?«

»Ich lege es gleich rein.«

»Nein«, sagte Wimmer. »Ich bin auf dem Sprung. Bei mir ist Trouble. Seien Sie so gut: sehen Sie es durch und faxen Sie es mir nach Hause. Ich komme Mittwoch erst zur Sprechstunde.«

»Kein Problem«, sagte Endepohl. Dann schrieb er einen Zettel: *Referate bitte ins Postfach,* und als Wimmer gegangen war, hängte er ihn an die Tür des Assistentenzimmers.

Kurz vor zwölf klopfte es. Endepohl antwortete nicht.

»Ich weiß, daß du drin bist«, sagte Petra. »Bitte mach auf.«

Endepohl öffnete. »Tut mir leid«, sagte er. Aber Wimmer sei indisponiert, möglicherweise müsse er die Hamann-Sitzung machen, und da gebe es noch eine Menge Arbeit.

»Du lügst«, sagte Petra. An ihm vorbei trat sie ein, und er schloß die Tür. In der Mitte des Zimmers drehte sie sich um und stampfte mit dem Fuß auf. »Du hast mich benutzt«, sagte sie. »Du hast mich gebraucht und weggeworfen.«

»Phrasen«, sagte Endepohl. »Wir haben miteinander geschlafen.«

»Du hast deine Machtstellung ausgenutzt!«

»Daß ich nicht lache!« Er wies auf ihre Tasche. »Apropos. Hast du dein Referat fertig?«

Petra zog einen Schnellhefter hervor und warf ihn vor seine Füße. Er hob ihn auf und blätterte darin. »Fünfzehn Seiten plus Thesenpapier. Ausgezeichnet.« Er legte den Hefter ins Regal, dann ging er zu ihr hin. »Zeig mal!« Er schlug ihren Mantel ein wenig zur Seite.

Petra trug einen braunen Hosenanzug. Die Jacke erreichte nur knapp den Hosenbund, vermutlich war sie ärmellos. Die Bluse darunter hatte einen Hemdkragen.

»Laß mich raten«, sagte Endepohl. »Der Reißverschluß sitzt an der Seite?« Er tastete mit der Rechten. »Richtig. Und am Bund Haken und Öse, damit es kein Loch gibt.« Er drückte den Haken heraus und zog den Reißverschluß herunter, dabei drängte er Petra zum Schreibtisch, bis sie mit den Schenkeln gegen die Platte stieß. Er schob die rechte Hand in ihre Hose, mit der linken griff er durch das Ärmelloch der Jacke nach ihrer Brust.

»Nein«, sagte sie.

Er küßte sie aufs Ohr. »Weißt du«, sagte er, »das Allerschlimmste waren natürlich Brautkleider. Wegen der Korsettstangen und wegen der Unterröcke.«

»Was?« sagte sie.

Seine linke Hand war jetzt in ihrer Bluse. »Die ganze Küche«, sagte er ihr ins Ohr. »Stell dir vor, die ganze Küche lag voller Stoffbahnen. Alles schneeweiß und Spitze und Samt und Tüll. Es gab nichts Warmes zu essen in der Zeit, damit der Geruch nicht in den Stoff zog. Mein Vater hat geflucht.«

»Laß mich los.«

Endepohl hatte mit der Rechten den Spalt zwischen ihren Beinen erreicht. Die Linke nahm er aus der Bluse und führte ihr damit die Hand. »Ganz am Schluß«, sagte er. »Bei der letzten Anprobe, da entschied es sich dann.«

»Was?« sagte Petra.

»Alles.« Er fuhr ihr mit der Zunge ins Ohr. »Einmal mußten wir einen Draht in den Saum stecken, damit es richtig fiel. Ganz langsam. Die Braut stand auf dem Tisch, und«, er holt einmal zitternd Luft, »meine Mutter schob und ich –«

»Vorsicht!« sagte Petra.

***

»Respektabel, Ihre Frau Ellborn!« Der Professor klopfte auf den Schnellhefter. »Wir sollten sie ruhig alles vortragen lassen.«

Endepohl machte eine Handbewegung.

»Ich hab Ihren Kommentar gelesen«, sagte der Professor. »Ziemlich streng. Komisch. Sonst sind Sie doch eher gnädig?« Carola grinste.

»Außerdem haben wir ja keine Wahl. Also los!« Zusammen gingen sie in Richtung Seminarraum. »Übrigens«, der Professor tippte Endepohl an den Arm, »ohne in Einzelheiten zu gehen, ich muß heute nach dem Seminar sofort wieder weg. Wenn also noch Unklarheiten sind –«

»Kein Problem«, sagte Endepohl. Im Seminarraum wartete er, bis der Professor an dem querstehenden Tisch Platz genommen hatte, dann setzte er sich neben ihn und rückte seinen Stuhl ein wenig zur Seite. Es wurden noch ein paar Taschen geschlossen, dann war es still.

Endepohl sah langsam von Platz zu Platz. Die Tische standen in einem vorne offenen Rund. Petra hatte letzte Woche schräg links gesessen. Jetzt war sie nicht da. Er beugte sich vor. Hier und da waren Stühle frei geblieben.

»Guten Abend, meine Damen und Herren«, sagte der Professor. »Erfahrungsgemäß sehe ich wieder einige, die nicht da sind. Und darunter zu meiner besonderen Bestürzung auch unsere heutige Referentin.« Was wohl bedeute, daß man über Hamanns Sprachphilosophie im ungewissen bleibe.

Endepohl schloß einen Moment die Augen und atmete durch. Dann öffnete er eine schwarzrote Kladde, an den Kopf der ersten freien Seite schrieb er Datum und Titel des Seminars, an den Rand ein großes P mit einem Rufzeichen und einem Minus.

»Warten wir noch fünf Minuten«, sagte der Professor. Vielleicht habe sich ja ein Desaster im öffentlichen Nahverkehr ereignet. »Ich lasse einstweilen mal Frau Ellborns Thesenpapier rundgehen.« Es könnte ja als Beschwörung wirken.

»Oder!« rief der Professor. Er wandte sich zur Seite. Vielleicht sollte vertretungsweise der Herr Assistent einen Abriß des Hamannschen Werkes aus dem Ärmel schütteln?

Endepohl tat bestürzt. »Keine Sorge«, sagte der Professor, »natürlich außer Konkurrenz.« Alle lachten. Da ging, ganz langsam, die Tür einen Spaltbreit auf, jemand sah herein und verschwand gleich wieder. Alles schaute zur Tür. Nach ein paar Sekunden erschien Petra, drückte sich auf Zehenspitzen durch den Spalt und schob die Tür sehr vorsichtig ins Schloß.

»Na also!« Der Professor schlug Endepohl leicht auf die Schulter. »Vom Gong gerettet.«

Endepohl versuchte eine komische Bewegung. Dabei sah er Petra aus den Augenwinkeln. Sie trug etwas Helles, wahrscheinlich ein Kleid; aber während sie jetzt hinter der Stuhlreihe zu einem der freien Plätze ging, war nur hier und da ein Stück Blumenmuster zu erkennen. Und das darüber? Tatsache, dachte Endepohl, ein Bolero! Cremeweiß, runder Halsausschnitt und daran nur ein Knopf und eine Schlaufe.

»Können wir?« sagte der Professor.

Petra strich sich das Kleid gegen die Schenkel, setzte sich und legte ihre große Tasche auf den Tisch. Dann drückte sie eine Hand an den Hals, atmete einmal tief ein und tat, als fächele sie sich mit der anderen Hand Luft zu. Sie schüttelte kurz den Kopf.

Endepohl biß die Zähne aufeinander, daß es in den Kieferknochen weh tat. »Gut«, sagte der Professor. »Dann eben noch eine kleine Rekapitulation.« Man hat ja in der letzten Stunde gesehen, wie knapp Kant davorgestanden hatte, die Sprache zum Grundgesetz menschlichen Denkens zu erklären. »Aber natürlich«, der Professor machte eine entschuldigende Geste, »konnte er als Berufsaufklärer eine so unordentliche Geschichte wie das Sprechen nicht dermaßen hochschätzen.« Ein paar der Studenten lachten, darunter Petra. Sie hatte jetzt Papiere und Bücher vor sich ausgebreitet.

»Doch lassen wir Kant Kant sein«, sagte der Professor. Außerdem scheine ihm Frau Ellborn jetzt weitgehend wiederhergestellt, und er wolle die Spannung nicht ins unerträgliche steigern.

Petra setzte ihre Brille auf und räusperte sich. Mit Daumen und Zeigefinger der linken Hand griff sie nach dem Knopf an ihrem Bolero. »Na!« sagte sie, als es nicht beim ersten Mal gelang. Dann ging der Knopf durch die Schlaufe, und sie legte den Bolero über die Lehne des Stuhls.

Endepohl zog einmal fest an seinen kurzen Koteletten. Petra trug wirklich ein helles Kleid mit einem Muster aus roten, zu Sträußen gebundenen Blumen. Ein Cocktailkleid. Ganz auf Taille gearbeitet, vermutlich mit einer eingenähten Korsage. Und schulterfrei. Falsch! Endepohl verbesserte sich: mit Spaghetti-Trägern, doppelten Spaghetti-Trägern, aller Wahrscheinlichkeit nach oben auf der Schulter zusammengenäht. »Scheiße«, sagte er leise.

Es war sehr ruhig geworden. Endepohl schloß seine Kladde. Die Spaghetti-Träger waren zu lang. Viel zu lang! Oder die Korsage war zu tief angesetzt. Oder irgend etwas stimmte nicht in der Taille. Es war nicht zu fassen! Er hätte schreien mögen. Den Schnittmusterbogen falsch durchgepaust! Oder beim Abmessen verlesen? Was auch immer. Jedenfalls saß sie jetzt hier, gut vorbereitet, vor sich fünfzehn Seiten über Hamann, absichtlich ihm schräg gegenüber – und ihr furchtbares Cocktailkleid begann allerhöchstens einen halben Finger breit über den Brustwarzen!

Ich könnte rausgehen, dachte Endepohl. Zu Wimmer würde er sagen, eine plötzliche Übelkeit.

»Gut«, sagte Petra. Wenn es erlaubt sei, wolle sie ihren Vortrag unter ein Motto stellen. Sie schlug weit ausholend ein Reclamheft auf und zitierte: »Rede, daß ich dich sehe.« Sie sah in die Runde. Der damit angedeutete Vorrang der sprachlichen Wahrnehmung sei nämlich maßgebend für Hamanns Denken, doch keineswegs dürfe er als eine Unterdrückung der sinnlichen Qualitäten von Sprache mißverstanden werden.

»Sehr schön«, sagte der Professor.

Endepohl saß starr. Am weitesten vorn an der Kante von Petras Tisch lag der Seminar-Reader. Beim ersten Griff danach müßten ihre Brüste aus der Korsage fallen. Wie – Endepohl suchte nach einem Vergleich. Wie Apfelsinen vielleicht? Und woraus? Egal. Er biß sich auf die Zunge. Und absolut rund waren sie gewesen. Den Schattenriß hatte er mitgenommen, er steckte in einem Buch.

Endepohl hob eine Hand und schnippte mit den Fingern.

Der Professor sah ihn an. Ob es da wirklich jetzt schon etwas anzumerken gebe?

»Ja«, sagte Endepohl ohne Stimme. Er räusperte sich. »Ja«, sagte er noch einmal laut.

Jetzt sahen alle ihn an. »Zum Beispiel *African Queen.*« Er rieb kurz mit der Fingerspitze seine Nase. »Afrika, der Dschungel, die Sümpfe; opulente Bilder, große Gefahr und die große Liebe. Aber praktisch der schiere Dialog.«

»Ja«, sagte der Professor. »Und?«

Endepohl schlug mit der flachen Hand auf seine Kladde. »Gar kein ›und‹.« Er flüsterte: das verstehe man oder man verstehe es eben nicht. Je nachdem. »Hamann!« rief er dann laut. Hamann jedenfalls werde so lange mißverstanden, wie man weiter um den heißen Brei herumrede.

»Lassen wir Frau Ellborn erst einmal fortfahren«, sagte der Professor. Er schnitt Endepohl eine Grimasse. Der verzog keine Miene.

Petra hatte inzwischen getan, als ordne sie ihre Papiere. Jetzt wollte sie wieder zu sprechen beginnen, da stand Endepohl auf. Er ging um den Tisch herum, trat in die Mitte des Runds und hob eine Hand. »Rede, damit ich dich sehe«, sagte er. »Vollkommen richtig. Aber was bedeutet es? Ich nenne jetzt nur mal ein Beispiel, das erste, das mir einfällt. Einen Moment!« Er legte wieder einen Finger an seine Nase.

»Herr Doktor Endepohl!«

»Sekunde. Ich hab gleich eins.« Endepohl machte ein paar Schritte zu Petras Tisch und stützte sich mit den Händen darauf. Er hatte sich nicht verrechnet: wenn er so stand, konnte er beinahe den äußersten oberen Rand eines Warzenhofs sehen. »Petra«, sagte er leise. Sie saß ganz ruhig und sah zu ihm hoch. Dann griff sie mit der rechten Hand zu der Stelle, wo die Spaghetti-Träger auf ihrer Schulter vernäht waren.

»Frank?«

Endepohl schob den Seminar-Reader in die Mitte des Tisches und deutete auf den Bolero. Sie machte ein Zeichen, daß sie nicht verstehe.

»Herr Endepohl, ich hätte gern eine Erklärung für Ihr Verhalten!«

»Richtig!« Endepohl schwang herum. »Bleiben wir doch der Einfachheit halber bei der großen Liebe. Genauer: beim Geschlechtsverkehr.«

Es waren Stimmen zu hören. »Herr Endepohl«, sagte der Professor, »setzen Sie sich doch bitte wieder auf Ihren Platz!«

»Sofort.« Er trat zurück in die Mitte des Runds. »Die Liebe ist geschwätzig«, sagte er. »Einverstanden? Gut. Aber der Orgasmus ist sprachlos!« Er hob eine Hand. »Was also heißt, im Sinne Hamanns, daß die Liebe sich im Verstummen erfüllt.« Er hob die zweite Hand. »Und also die Sprache.« Er sah um sich. Oder sei da vielleicht jemand anderer Meinung?

Carola schnippte mit den Fingern. Der Professor nickte ihr zu. »Im Prinzip vollkommen d'accord«, sagte sie, »bis auf die Schlußfolgerung natürlich.« Der Kollege übersehe nämlich, daß in der Liebe auch jedes Verstummen beredt sei.

»Gut gegeben«, sagte der Professor. Es gab Gelächter.

Überhaupt, sagte Carola, sei es wahrscheinlich eine typisch männliche Beziehungs-Taktik, Desinteresse als Innigkeit zu tarnen. Jetzt lachten alle.

Endepohl klatschte ein paarmal lautlos in die Hände. »Gut«, sagte er, als es wieder ruhig geworden war. »Ich sehe alles ein. Und ich nehme alles zurück. Auch die *African Queen*. Aber wir müssen ehrlich sein!« Er wies mit ausgestrecktem Arm, ohne sich umzudrehen. »Diese Frau ist eine Zumutung.« Es gab ein paar Rufe.

Der Professor stand auf. »Herr Endepohl. Ich kann Ihren Auftritt keinen Moment länger dulden.«

Endepohl nickte. »Es tut mir leid«, sagte er. »Aber was soll ich sagen?« Er schnippte mit den Fingern. »Sie ist affektiert. Jawohl. Vollkommen überdreht. Sie trägt absolut unmögliche Sachen.« Er machte eine Pause. »Sie hat keine Ahnung, wie sehr sie sich lächerlich macht.« Er sah zu Boden.

»Und Ihre Brüste sind vollkommen rund.« Er schüttelte ein-, zweimal den Kopf. »Aber zu ertragen ist sie nur, solange man sie vögelt.« Es wurde laut im Seminar.

Der Professor nahm seine Papiere. »Ich gehe jetzt«, sagte er in den Lärm hinein. »Herr Endepohl, ich erwarte Sie in meinem Dienstzimmer. Frau Doktor Bentz wird das Seminar in der Zwischenzeit leiten.« Er ging hinaus, die Tür ließ er offen, im Raum wurde es still.

Carola ging langsam nach vorne zu Endepohls Platz und lehnte sich seitlich gegen den Tisch. »Frau Ellborn«, sagte sie, »vielleicht fahren Sie einfach fort mit Ihrem Referat? Oder was machen wir?«

Petra stand auf. Endepohl dreht sich zu ihr um. Sie zog ihr Bolero an und knöpfte es zu. Dann wischte sie Bücher und Papiere mit einer einzigen Handbewegung vom Tisch.

»Petra!«

Sie drückte sich hastig hinter der Stuhlreihe vorbei in Richtung Ausgang, einmal stolperte sie über eine Tasche und wäre beinahe hingefallen. Endepohl holte sie unter der offenen Tür ein und faßte sie an der Schulter.

»Bitte entschuldige.«

Sie blieb kurz stehen. »Laß mich«, sagte sie und lief davon.

Endepohl nickte. Dann ging er zurück ins Seminar, bis er hinter dem Stuhl des Professors stand. »Hamann«, sagte er in die Runde. Er tippte sich an die Stirn. »Die Veranstaltung ist beendet.«

ROBERT GERNHARDT

Das Attentat
oder
Die nackten Fakten
oder
Ein Streich von Pat und Doris

Eine Paraphrase

Ach, was muß man oft von bösen
Mädchen hören oder lesen!
So zum Beispiel hier von diesen,
Welche Pat und Doris hießen.
Die, anstatt durch weise Lehren
Sich zum Guten zu bekehren,
Oftmals noch darüber lachten
Und sich heimlich lustig machten. –

Aber wehe, wehe, wehe,
Wenn ich auf das Ende sehe!
Drum ist hier, was sie getrieben,
Auszugsweise aufgeschrieben:

Also lautet der Beschluß,
Daß der Mensch was lernen muß.
Nicht allein das ABC
Bringt das Mädchen in die Höh',
Sondern auch der Weisheit Lehren
Muß man mit Vergnügen hören.
Daß dies mit Verstand geschah,
War Professor Teddy da.

Pat und Doris, diese beiden,
Mochten ihn darum nicht leiden.
War's, weil sie in Seminaren
Nicht die allerbravsten waren,
War's, weil sie zu wissen wähnten,
Wonach sich die Massen sehnten –:
Was der Prof da von sich gab,

Klang in ihren Ohren schlapp,
Abgefuckt und inhaltsleer,
Konterrevolutionär,
Bourgeois und theoretisch,
Stetes Kreisen um den Fetisch
Ratio – und so was rächt sich,
Denn noch schrieb man Neunundsechzig,
Und da sann man unverdrossen
Mal auf Go-ins, mal auf Possen,
Um die Profs zu demaskieren
Und der Welt zu demonstrieren,
Daß sie unter den Talaren
Machtgeil, stur und muffig waren,
Grade dann, wenn sie in Worten
Jederzeit und allerorten
Das Bestehende verdammten
Und der Schicht, aus der sie stammten,
Feurig die Leviten lasen:
Haltet ein! Bald deckt der Rasen
Euch und eure schwarzen Taten,
Die tagtäglich das verraten,
Was ihr sonst an Werten predigt –:
Glaubt Karl Marx! Ihr seid erledigt!
Denn es kann im falschen Leben
Niemals nie kein richtigs geben!

Meister im Levitenlesen
Aber war der Prof, an dessen
Widersprüchen sich die »lieben«
Mädchen Pat und Doris rieben.
Darum sei sogleich verraten,
Was sie mit Adorno taten.

Nun war dieser große Lehrer
Von den Damen ein Verehrer,
Was man ohne alle Frage
Nach des Denkens Müh' und Plage
Einem guten, alten Mann
Auch von Herzen gönnen kann.
Nicht so unsre beiden Kinder,
Die im Weiberrat und in der

Wohngemeinschaft voll einbrachten,
Was sie von dem Denker dachten:
Macho, liberaler Scheißer,
Sprücheklopfer, Fraunaufreißer,
Ein im Widerspruch verstrickter
Objektiv dem Volk entrückter
Tui, der subjektiv nicht raffe,
Daß er nichts als eine Waffe
Sei der Scheiß-Reaktion –
Das genügte. Denn bald schon
Riet der ganze Weiberrat
Dergestalt zur raschen Tat,
Daß die beiden lachend schrien:
»Schwestern, stimmt: Da pack'n mer ihn!«

Tags darauf in Unifluren
Treffen wir die zwei Figuren,
Die, das sei nicht übersehen,
Aus sehr viel Figur bestehen,
Da sie nackt, ohn alle Stützen,
Unterm Hemde das besitzen,
Was die jungen wie die reifen
Herren liebend gern begreifen.

Eben strebt in sanfter Ruh
Adorno seinem Hörsaal zu,
Und mit Buch und Lesungsheften
Zu gewohnten Denkgeschäften
Lenkt er freudig seine Schritte
In der jungen Menschen Mitte,
Und voll Dankbarkeit sodann
Schaut er Pat und Doris an,
Die, wie ihm zu applaudieren,
Vollreif seinen Weg spalieren.
»Ach!« denkt er, »Die größte Freud
Ist doch die Begrifflichkeit!«

Rums! Da ziehn die beiden los,
Und vier Brüste schrecklich groß,
Jäh befreit von allen Stoffen,

Herrlich bloß und gänzlich offen,
Nackig, unbeschreiblich weiblich,
Knackig, unbegreiflich leiblich,
Lockend, drängend, wogend, prangend,
Einen ganzen Mann verlangend,
Ragend, dräuend, drohend, schwellend,
Allen Geist in Frage stellend,
Recken sich dem Prof entgegen,
Welcher stumm erst, dann verlegen,
Dann erschreckt das Weite sucht
Und bei sich den Tag verflucht,
Da er dieser Busen Licht –
Doch so weit sind wir noch nicht.

Bleiben wir bei unsern Rangen,
Die sich eiligst wieder fangen,
So geschwind, daß niemand klar ist,
Was hier Einbildung, was wahr ist,
Wer hier was warum entblößte –
Fest steht nur: 's kann auch der größte
Denker nicht in Frieden leben,
Wenn Mädchen ihre Hemdchen heben.

All das geschah vor langer Zeit,
Doch ist es nicht Vergangenheit.
Das Busen-Attentat gab zwar
Dem Prof den Rest –: Im gleichen Jahr
Verstarb der Philosoph, jedoch
Pat und Doris gibt es noch.
Die eine forscht, die andre lehrt,
Und beide sind gottlob bekehrt
Von den Ideen ihrer Jugend:
Heute decken Halter, Stoff und Tugend
Verläßlich, was den Prof einst schreckte,
Als es ihm blank entgegenbleckte …

Mit der Zeit wird alles heil,
Nur der Teddy hat sein Teil.

Begerine und ihr Galan Ente

Unter allen Frauenzimmer
In dem deutschen Elb-Athen
Wird des Nachts bei Sternenschimmer
Keine nicht gassaten gehn,
Als die geile Begerine,
Die Studenten-Violine.

Wenn dies Nachtlicht nun erscheinet,
Stellt sich bald die Lichtputz ein,
Die das Licht zu putzen meinet,
Ob es gleich von Fleisch und Bein,
Und da hält die arme Nille
Wie ein Lamm geduldig stille.

Fügt sich nun ihr Liebesglücke
Fragt sie nicht: wer, wie und wo,
Sie ist zwar vom Mittelstücke
Weit beschrien, doch ists nicht so,
Ihre Jungferschaft ist enge
In die Quer und in die Länge.

Possen! Ihre Liebestasche
Ist mit nichten ausgedehnt,
Allenfalls hat sie die Flasche
Von Luisen schon entlehnt,
Deren Tropfen (helf mir lachen!)
Weite Jungfern enge machen.

Darum bleibet sie doch schöne;
Ob ihr gleich zum Zeitvertreib
Dann und wann die Musensöhne
Höckern auf den geilen Leib.
Sie lacht nur zu solchen Possen
Weil die meisten fehlgeschossen.

Tausendmal hat sie probieret,
Wie der Liebeshampelmann
Mit den Jungfern courtisieret,
Daß sie mehr erzählen kann
Von verliebten Nektarflüssen,
Als wohl manche Weiber wissen.

Dennoch bleib ich ihr gewogen,
Weil ich ihren Leibesseim
Und sie meinen eingesogen,
Welcher als wie Vogelleim
Mein Herz an ihr Herze klebet,
Das ihr ganz zu eigen lebet.

Nimmermehr kann unser Kater
Seiner Mieze günstig sein,
Und ich glaube, mein Herr Vater
Kann nicht so ein Gläschen Wein,
Kein Altweib die welke Rüben
Als ich Begerinen lieben.

Denk ich ihrer Liebes-Chosen,
Hüpft mir der Hopheisasa
In den erzverliebten Hosen,
Die ich von der Großmama
Ihrem roten Scharlachrocke
Machen ließ beim Ziegenbocke.

Ach du Fixstern meiner Seele
Laß mich durch den Tubus doch
Sehn in deine Leibeshöhle,
In das zuckersüße Loch,
Wo schon bei so jungen Jahren
Mancher aus- und eingefahren.

Wenn du wüßtest, wie mich brennte
Deiner Augen heißer Strahl,
Ließest du die arme Ente,
Die so quäket, gern einmal
Zu dir in dein Bette steigen
Und dich von Sankt Stephan geigen.

Nun ich stehe vor der Türe,
Laß mich Lumpenbettler ein,
Denn es warten ihrer Viere
Neben mir in heißer Pein,
Wirst du uns nicht Kühlung gönnen,
Müssen wir vor Glut verbrennen.

Sprich ein Wörtchen der Genaden
Öffne aus Barmherzigkeit
Den verschloßnen Fensterladen,
Höre wie die Ente schreit.
Laß mich in dein Zimmer steigen,
Ich will auch dein Leibstück geigen.

HEINRICH HEINE

Diana

Diese schönen Gliedermassen
Kolossaler Weiblichkeit
Sind jetzt, ohne Widerstreit,
Meinen Wünschen überlassen.

Wär ich, leidenschaftentzügelt,
Eigenkräftig ihr genaht,
Ich bereute solche Tat!
Ja, sie hätte mich geprügelt.

Welcher Busen, Hals und Kehle!
(Höher seh' ich nicht genau.)
Eh' ich ihr mich anvertrau,
Gott empfehl ich meine Seele.

MICHAEL KLEEBERG

Der große Liebhaber Volker Schultheiß, Verwaltungsangestellter

Ich gestehe, ich habe ihm alles geglaubt, so unglaubwürdig manches auch klingen mochte, bis auf die Geschichte mit der Hirschkuh, die er partout Diana nannte, und dabei war das die wichtigste, der Anfang von allem und vielleicht der Schlüssel zu seinem Leben.

Es wäre übertrieben zu sagen, ich sei sein Freund gewesen, bis vor kurzem kannte ich ihn überhaupt nicht, das heißt nur vom Sehen, und erst in den letzten Tagen vor seinem Tod am ersten Mai, also gerade erst vor zwei Wochen, erzählte er mir die Bruchstücke, die ich hier wiedergeben will.

Ich darf mich zunächst kurz vorstellen, schließlich hat der Leser ein Recht zu erfahren, wer diesen Bericht besorgt: Ich bin 29, Betriebswirt und Bankkaufmann, frisch verheiratet und werdender Vater, und in der Betriebsorganisation einer in Hamburg ansässigen Versicherungsgesellschaft tätig.

Nach den Bürostunden nehme ich zuzeiten gerne ein Bier zu mir, Gewohnheit, welche mir dann auch die Bekanntschaft des Titelhelden eintrug. Ich muß zugeben, daß es mir nicht leichtfällt, hier einen mehr oder minder literarisch getönten Bericht abzuliefern, da ich eigentlich eher ein Zahlenmensch und Statistiker bin und das Schreiben zu anderen als geschäftlichen Zwecken mit dem Verlassen der Schule aufgegeben habe. Andererseits lese ich (wenn ich zum Lesen komme) hin und wieder Autoren wie Thomas Mann (die Buddenbrooks), wohl auch einmal Heinrich Böll und bin damit, wie ich hoffe, zum mindesten genügend gerüstet, den grammatischen und syntaktischen Fährnissen meines Unternehmens gewachsen zu sein.

Ich verfüge über herzlich wenig Phantasie, so werde ich nicht mehr aufschreiben, als ich von ihm hörte, was schwerlich ein rundes und vollständiges Bild des Assessors Volker Schultheiß ergeben wird, andererseits befähigt mich vielleicht gerade die Trockenheit meines Charakters dazu, die hanebüchenen Äußerungen des Verstorbenen in einen etwas realistischeren Rahmen zu setzen, sozusagen ins Hier und Heute, wo das Leben Schultheißens schließlich auch stattfand, worüber man sich bitte während der Lektüre dieser Blätter im klaren bleiben möchte.

Ich beginne mit dem Ende, da ich den Anfang nicht kenne: vor etwa zwei Wochen also, am ersten Mai, brachte der im 41. Lebensjahr stehende, offensichtlich unheilbar erkrankte Verwaltungsangestellte Volker

Schultheiß sich mit einer Überdosis Schlaftabletten in der Wohnung einer Bekannten ums Leben.

Dies allein wäre nichts Besonderes, es passiert wohl sogar alle Tage, und ich will hier ja auch keine extraordinäre Geschichte erzählen, vielmehr lediglich (vielleicht gegen den Willen des Verstorbenen) ein Leben vor dem völligen Vergessen bewahren, dem es aufgrund seiner äußerlichen Unauffälligkeit ansonsten gewiß anheimgefallen wäre.

Der Krebs, an dem Schultheiß litt und nach Auskunft seines Arztes nicht mehr allzu lange würde zu leiden haben, war ein Prostatakrebs, und da der Doktor aus diesem Grunde ein sehr baldiges Ende der Tätigkeit in Aussicht stellte, die des Verstorbenen Leben – wie soll ich sagen – ausgemacht? hatte, zog jener es vor, diesen Zeitpunkt nicht abzuwarten, sondern ein Ende selbst festzulegen. Hier bin ich übrigens nicht auf Vermutungen angewiesen, sondern beziehe mich auf ein Gespräch, das wir beide am 30. April führten, seinem 40. Geburtstag.

»Eine Tätigkeit, die sein Leben ausmachte«, was soll nun damit gemeint sein?

Meine mangelnden diesbezüglichen Fähigkeiten verbieten mir einen poetischen Erklärungsversuch, und so will ich nackte Zahlen sprechen lassen: Wenn einer in seinem Leben 6570mal den Geschlechtsverkehr ausübt, zählt man die Schaltjahre mit, 6575mal (wenn ich nicht irre), darüber hinaus dies mit 6570, resp. 6575 verschiedenen Frauen tut, überdies noch ein weiteres Mal mit einem – aber darauf komme ich später zurück, dann ist es wohl nicht übertrieben, dies als eine Tätigkeit zu bezeichnen, die sein Leben ausmachte.

Beim Überlesen der ersten Zeilen fällt mir auf, daß es nicht unbedingt zur Steigerung des Leserinteresses, im Gegenteil geradezu in ermüdende Konfusion führt, Fakten aus dem Leben eines Menschen zu hören, der einem völlig unbekannt ist. Meine eigenen Erfahrungen mit Lektüre, die ich als durchschnittlich bezeichnen will (ich bin Mitglied einer Buchgemeinschaft), lassen mich eine chronologische Erzählweise als das noch immer probateste Mittel ansehen, der anstürmenden Erinnerungen und Episoden, die man mitzuteilen hat, Herr zu werden, weswegen ich nach diesem amateurhaften Beginn auch sofort dazu übergehen will, nicht aber ohne zuvor noch eines klargestellt zu haben: der verstorbene Held meines Berichtes war keine Maschine, worauf die genannten Zahlen vielleicht schließen lassen könnten, schon gar keine Sex- oder Potenzmaschine, sondern (den Titel dieser Aufzeichnungen habe ich ganz bewußt gewählt) ein Liebhaber, ein Liebender also. Auch diese Tatsache bitte ich im Auge zu behalten, ich hoffe, ich werde sie im weiteren noch untermauern können.

Was im übrigen das Wort »Maschine« angeht, bzw. Sexmaschine, so bezeichnet man wohl Männer als solche, die den Geschlechtsverkehr während eines Beisammenseins mehrmals (sieben-, achtmal?) hintereinander erfolgreich auszuüben in der Lage sind. Volker Schultheiß gehörte nicht zu dieser Sorte Menschen, er legte vielmehr einigen Wert darauf, »es« jeweils nur ein einziges Mal zu tun (zwischen jeder dieser Aktivitäten lag demnach ein ganzer Tag »Ruhe«) und sagte mir diesbezüglich selbst wörtlich: »Das ist doch völlig ausreichend, das eine Mal ist doch alles, was möglich ist.« Ich betone, daß sich dieses »Möglich«, wie aus dem Kontext unseres Gesprächs erkennbar, keineswegs auf physische Schranken bezog.

Genug der Einführungen, ich möchte jetzt, soweit mir dies eben möglich ist, die Chronologie des Lebens von Schultheiß erstellen.

Über seine Eltern weiß ich nur so viel, daß sein Vater Rudolf Schultheiß aus einer österreichisch-ungarischen Familie kam, im Jahre 1900 geboren wurde, im ersten Weltkrieg der habsburgischen Kavallerie angehörte, im zweiten einem Panzeraufklärerstab und sich nach dem Krieg für 15 Jahre als Förster im Niedersächsischen verdingte, bevor er mit seiner Familie nach Hamburg zog. Die Mutter, eine geborene von Itzenplitz oder Zitzewitz o. ä., stammte aus der Gegend um Königsberg, wurde im letzten Jahr des ersten Krieges geboren und wuchs in Danzig auf, wo sie im September 39 den Major Schultheiß kennen- und liebenlernte und auch sofort heiratete.

Volker Schultheiß verbrachte die ersten 15 Jahre seines Lebens (bis 1960) in einem Wald irgendwo im Weserbergland. Das alles erklärt natürlich zugegebenermaßen überhaupt nichts, und weil eine weitere Beschreibung der Eltern kein bißchen mehr Licht auf die Person oder Entwicklung meines Helden würfe, soll dem hiermit auch Genüge getan sein. Nur dies eine noch: daß das Äußere Schultheißens wohl eher von seiten der Mutter kam. Wollte man ihn beschreiben oder vergleichen, so ähnelte er (als ich ihn kennenlernte), um im Literarischen zu bleiben, vielleicht ein wenig dem Schriftsteller Grass, denkt man sich ein Gutteil der aus Gram und Bürden und hauptsächlich sitzender Lebensweise geborenen Falten und Wülste des Dichters weg. Schultheiß hatte dichtes, glattes, kastanienbraunes Haar, eine etwas fliehende Stirn, gut geschützte braune Augen, eine mächtige Hakennase, unter der sich ein Schnauzer breitete, große Ohren und ein energisches Kinn. Er war mittelgroß, nicht dick, aber auch nicht dünn, ich bin fast versucht zu sagen – und warum auch nicht, denn so war es – ein Durchschnittstyp.

Noch zu den Eltern, da sagte mir der Verstorbene etwas, das (ich bin kein Psychologe!) vielleicht von Wichtigkeit ist: »Meine Eltern waren glücklich, also war ich auch glücklich«, sagte er. »Sie haben einander geachtet, aber sie waren melancholisch dabei. Als ich sie einmal fragte, erklärten sie mir, daß sie sich einfach aneinander erschöpft hätten. Verstehen Sie (wir siezten uns, der Verf.), sie hatten sich sehr geliebt, mit aller Intensität, und schließlich hatte die Intensität nachgelassen, und die Erinnerung daran war geblieben, und die Liebe wandelte sich zu gegenseitiger Achtung. Sie fühlten eine Lebenstrauer, weil, was sie nie für möglich gehalten hätten, die Intensität ihrer Liebe nachgelassen hatte. Das ist doch klar, so geht's immer, werden Sie mir antworten, aber ihnen war das nicht klar, und ich frage Sie, ob es wirklich so klar ist, für meine Eltern jedenfalls muß diese Erkenntnis so gewesen sein, wie für andere das plötzliche Bewußtsein ihrer Sterblichkeit. Die Intensität des Erlebnisses läßt sich nicht halten, ich verstand damals nicht, was sie meinten, aber ich sah sie an und begriff.«

So Schultheiß. Oder besser: So meine Erinnerung an seine Sätze, denn wenn er selbst sprach, klang es denn doch anders. Die Worte, die aus seinem Mund kamen, bauten (ich versuche, auf die Gefahr hin, danebenzuhauen, eine Metapher) eine Art unsichtbares Iglu um uns auf, in dem wir beide saßen, er und ich, warm, den Blick frei nach draußen, aber dennoch geschützt, es war etwas Exklusives, wie eine Einladung nach Hause, und daß trotz seiner Offenheit eine dünne Wand stehenblieb zwischen uns, machte den Drang, ihm nahezubleiben bzw. zu kommen, eher noch größer, als sie abschreckte. Diese Wand gab ihm die Freiheit, sich wieder zurückziehen zu können, und mir jene, mich ihm nicht verpflichtet zu fühlen, eine Idee, die Offenheit aller Art ja oft nach sich zieht.

Doch zurück zur Chronologie: Schultheiß verbrachte seine gesamte Kindheit im Wald, in einem Försterhaus, und es scheint logisch, daß eine solche Umgebung, die Natur, den Menschen ebenso beeinflußt wie ein städtisches Umfeld. Ob Bäume für ihn schlicht Bäume waren oder mehr, vermag ich nicht zu sagen, wieweit die majestätische Ursprünglichkeit der Landschaft (damals wie heute kaum industrialisiert) die kindliche Psyche formte: hier sind wir auf Vermutungen angewiesen, welchen Umgang ein sensibel-sinnliches Kind, vollgestopft mit klassischen Mythen (von Mutterseite) und galant-kriegerischen Abenteuern (vom österreichisch-ungarischen Vater) mit der Natur, mit Baum und Waldboden, Getier und Gevögel des Waldes pflegte.

Eine einzige präzise Episode erzählte der Verewigte mir aus dieser Zeit, die ich hier wohl einbringen muß, wenn ich mich auch standhaft weigere, sie als Realität zu nehmen, sondern seit er sie mir erzählte (den Abend, da wir uns näher kennenlernten, in der Kneipe »Glocke« in Hamburg-Winterhude) als eine »Cock & Bull-Story« begreife, wie der

Engländer sagt, als eine aus der Hitze der Räumlichkeiten und dem Genuß diverser Alkoholika geborene Perversion, Aufschneiderei, eine, ich verliere den Faden und werde also neu ansetzen.

Diese Geschichte ist so unglaubwürdig, daß sie den Rahmen jeder realistischen Lebensbeschreibung sprengt, sie ist, kurz gesagt, was ihre praktische Seite anbelangt, widerlich, auf der anderen, mythologisch-poetischen, ist sie physisch quasi unmöglich.

Andererseits muß sich seinerzeit tatsächlich irgend etwas ereignet haben, was auch immer, denn das ganze spätere Leben Schultheißens bezieht seine Chronologie wie seine Logik ausschließlich aus dieser einen hellen Mondnacht.

Ich werde also mit seinen Worten wiedergeben, woran ich selbst mehr als zweifele, und überlasse es dem Leser, davon zu halten, was er mag, um sich danach wieder mit mir in den Gang der Erzählung einzufinden.

»Ich war zwölf Jahre alt«, sagte Schultheiß (wir schreiben demnach das Jahr 1957, die Bundesrepublik ist konsolidiert), »es war Sommer, und ich streifte durch unsere Wälder. Ich befand mich in seltsamer Stimmung, mein ganzer Körper war von einem Schauder überlaufen, und ich hatte das überwältigende Bedürfnis, den Wald intensiver zu spüren, zu riechen, zu schmecken, als es möglich schien. Ich schabte meine Brust an Baumstämmen, rollte mich im Farn herum, kurz, ich stand, ohne es zu wissen, in der Pubertät. Schließlich packte mich die Lust, mich nackt auszuziehen, was ich auch tat, immerhin war es mein Wald und ich der einzige Mensch dort. Ich rannte also durchs feuchte, dämpfige, heiße Unterholz und tobte herum, bis ich irgendwo erschöpft niedersank. Ich lag auf dem Bauch gegen die feuchtwarme Erde und merkte eine entscheidende Veränderung an mir vorgehen. Danach schlief ich ein. Als ich aufwachte, war es Nacht, eine helle Nacht mit dem Sommermond in seinem Hof. Als ich aufstehen wollte, um nach Hause zu gehen, raschelte es, und wer trat aus dem Busch? Die Göttin Diana, von der mir meine Mutter so viel erzählt und deren Gegenwart, schützend und voller Sympathie, ich, wenn ich im Wald war, seit langem auf mir ruhen fühlte: die Göttin Diana in Gestalt einer Hirschkuh! (Warum nicht, wenn schon unbedingt: einfach IRGENDEINE Hirschkuh!? der Verf.)

Sie näherte sich und sprach mich an. Für Sie mag das verwunderlich klingen, aber mir schien es damals nur folgerichtig. Sie sagte so ungefähr: Junger Waldmensch, ich sah, daß du heute ein Mann geworden bist, und bin gekommen, um dir vor allen anderen, die noch folgen werden, anzugehören, denn einmal ist dies hier mein Reich, zum zweiten gefällst du mir ausnehmend gut, und drittens ist das, was dir widerfuhr, wenn auch nicht unangenehm und besser als nichts, so doch Verschwendung, was du in wenigen Minuten sicher selbst zugeben wirst. So die Hirschkuh. Sie hatte mich angeblickt, während sie sprach, und drehte sich nun drei Viertel herum, stand da, gestreckt, entspannt, vom Mondlicht übergossen, fast weiß, glatt und muskulös, mit samtigem Fell und wunderbaren Schatten, den Rücken durchgedrückt, die Hinterbeine ein wenig gespreizt, daß mir ihre helle Lampe entgegenleuchtete, den Kopf über die Schulter zurückgeworfen, die Vorderhufe ein wenig in den Boden gedrückt, um dem, was sie erwartete, genügend Festigkeit entgegensetzen zu können. Ihr zuckendes Hinterteil zog mich magisch an, ich ging furchtlos auf sie zu, streichelte den samtigen Pelz ihres Rückens, fuhr die Muskelstränge ihrer schlanken Flanken bewundernd nach – diese Erfahrung kostete mich übrigens später jegliches Interesse für starkhüftige Frauen – und preßte mich gegen ihren heißen, nach Waldmeister und frischem Farn duftenden Leib, in dem ich das Blut heftig pochen fühlte. Die Göttin machte es mir leicht, einen Eingang und Anfang zu finden, nachdem ich gierig und durstig von ihrem wärmsten Punkt gekostet hatte, der mir rosig entgegenschimmerte, ein seidenes Meer von Salz und Honig, und als sie mir durch stoßende und kreiselnde Bewegung ihres Beckens vorgemacht, worauf es ankam, packte ich ihre samtenen Lenden und ließ meine ganze neuentdeckte Jugend laut schreiend an ihr aus, wurde angesogen, durcheinandergewirbelt, ausgesaugt, und mir schien, als flögen wir gemeinsam mit irrsinniger Geschwindigkeit durch die Reibungshitze der Atmosphäre hinauf zum Olymp, und ich verlor völlig die Besinnung, und nichts mehr sah noch hörte ich, und selbst daß Diana für Momente ihre Göttlichkeit und eigenes Wesen vergaß und ekstatisch muhte und röhrte wie eine richtige Hirschkuh, steigerte nur mehr den rasenden Genuß, den ich an der Sache fand.

Hinterher fand ich mich im Grase liegend wieder, und die Göttin war fort, und ich wußte, daß ich sie nie wieder sehen würde, und zwei Dinge waren mir klar: Ich liebte sie, Hirschkuh oder Frau, und nie wieder würde ich etwas Vergleichbares erleben, aber ich hatte es einmal erlebt, und so kannte ich es für ewig, und ich würde es nicht ein zweites Mal tun, nicht mit jemand anderem, das war nicht nötig, und so kam's denn auch, daß volle zehn Jahre vergingen, bevor ich zum zweiten Male einer Frau beiwohnte.«

Hier übernehme nun wieder ich das Wort, erleichtert, die schlüpfrige (und im übrigen strafbare) Passage hinter mich gebracht zu haben, und noch einmal betonend, daß ich Mythen in Märchenbüchern gerne, in unserem Leben dagegen nur mit Schaudern erblicke, denn, so frage ich: Wenn das alles möglich wäre, dann wäre doch, schlicht gesagt, ALLES möglich!? Und das ist es eben nicht, und so ist es auch gut!

Aber zurück zu Schultheiß.

Vor dem Umzug seiner Eltern nach Hamburg verbrachte er noch drei weitere Jahre im Wald, in denen jedoch nichts mehr geschah, was dem Obenerwähnten in irgendeiner Weise ähnelte. Es ist erstaunlich festzustellen, daß der Junge, der so intensiv in der Natur aufgewachsen war, den Übergang in die Großstadt offensichtlich mühelos schaffte, die er ja auch seither als Wohnstätte nicht mehr aufgegeben hat. Er war, so erzählte er mir, ein ordentlicher unauffälliger Schüler, aus dieser Zeit gibt es nichts zu berichten. Nur eine Frage bleibt offen: Wieso verharrt ein Junge, der zwölfjährig (auf die eine oder andere Weise) von den Früchten der Geschlechtlichkeit gekostet hat, danach zehn Jahre lang im selbstgewählten Zölibat? Nicht, daß er nicht verliebt war, er war es wohl doch und erzählte mir: »Ja, natürlich war ich verliebt, zwei Jahre lang vor meinem Abitur. Das heißt: Verliebt war ich zwei Wochen und dann, oder nein: Verliebt, auf Leben und Tod, denn das ist ein Gefühl, das höchste, das keiner Erklärung bedarf, war ich drei Tage lang. Drei Tage, weil ich, zu schüchtern, mich sofort zu erklären, zwei Tage zögerte. Als ich dem Mädchen, einer Klassenkameradin, meine Gefühle eröffnete, erwiderte sie sie sofort, und die ungeheure Anspannung, dieses höchste Vergnügen, das sich zwei Tage lang in verhaltenen Augenaufschlägen, Blicken und zurückgehaltenen Gesten aufgebaut hatte, verpuffte und wich einer Entspannung der Gewißheit, mit der, mittlerweile weiß ich es, auch die Liebe wich. Man wird wieder zu sich selbst, man gestattet sich einiges und mehr (denn man ist sich der Zustimmung des anderen gewiß), und ich glaube, in diesem schlaffen Zurücksinken ins Gemütlich-Behagliche des eigenen Wesens verdampft auch jener Überdruck des Gefühls, jener Augenblick höchsten Seins und tiefsten Nicht-mehr-Seins oder Jemand-anders-Seins, der allein den Titel Liebe verdient. Können Sie fechten? Haben Sie jemals ein Florettduell gesehen? Wenn die Gegner sich belauern, aufeinander zu-, voneinander wegtänzeln, in Finten den Angriff proben, durch Einladungen des Floretts ihn herausfordern, das ist ein Kunstwerk für den, der Augen hat, es erfährt seinen Höhepunkt im Moment des Angriffs, wenn die Körper sich treffen, im blind-sicheren Kling-Klang die Waffen sich berühren und umgehen und die Kämpfer für einen Sekundenbruchteil verschmelzen. Ist der erste Treffer gesetzt, hört die Faszination auf, der Rest ist banale Auseinandersetzung.

Ich versuchte, mit diesem Mädchen zwei Jahre lang die Faszination der ersten beiden Tage zurückzugewinnen, vergeblich. Wir lernten einander kennen, und da wir zu jung waren, uns achten zu lernen, begannen wir uns zu langweilen. Seither bin ich von der Illusion der Dauerhaftigkeit von Liebe geheilt.«

Soweit Schultheiß selbst. Er bestand sein Abitur, verpflichtete sich auf zwei Jahre zur Bundeswehr (Panzeraufklärer) und absolvierte, zurückgekehrt, eine Lehre als Versicherungskaufmann. Im Herbst 67 ließ er sich als Jurastudent an der Universität einschreiben. Er hatte wohl damals vor, eine akademische Karriere zu durchlaufen, merkte aber bald, daß die Universität nicht der rechte Ort für ihn war. Das hing weniger mit den Studien selbst zusammen, deren Inhalt ihm immerhin logisch, nützlich und leicht zu begreifen schien, als mit seinen Kommilitonen.

Ich denke, an dieser Stelle muß ich ein wenig erklärend in den Gang der Erzählung eingreifen, denn wenn ich Schultheißen auch, und das zu Recht, einen Durchschnittstypen nannte, so gab es doch Eigenschaften an ihm, die sich von der Norm unterschieden, und wenn dies auch keine waren, die ihn berühmt oder doch zumindest bekannt gemacht haben unter den Menschen, so waren sie doch vorhanden, denn es ist wohl klar, daß ein Mann, der im Laufe seines Lebens mit sechseinhalbtausend Frauen den Geschlechtsverkehr ausübt, einige besondere Eigenschaften besitzt und vermutlich auch eine nicht alltägliche Zuneigung dem weiblichen Geschlecht gegenüber empfindet.

Hierzu Schultheiß selbst (aus dem Gedächtnis zitiert) bei einer unserer ersten Unterhaltungen: »Es scheint mir natürlich, daß ich mich, gerade weil ich ein Mann bin, für Frauen interessiere. Vielleicht ist es nur eine Freude an der Symmetrie der Dinge.«

Jedenfalls ließ ihn die Bekanntschaft von Männern recht kalt, deren Gefühle und Interessen er kannte, da er selbst einer war (auch ich kam mir in seiner Gegenwart stets ertappt vor, und Männer schätzen es wenig, wenn die Solidarität unter ihnen nicht zumindest das Geschlechtstypische und -spezifische umfaßt), Frauen jedoch waren seinerzeit an der juristischen Fakultät noch rar, und die wenigen, die es gab, waren so sehr damit beschäftigt, gegen ihre geschlechtsbedingte Diskriminierung anzustudieren und zu -kämpfen, daß ihnen für anderes schlicht keine Zeit und Empfänglichkeit mehr blieb. Der Beginn des Studiums sah aber auch das Ende von Schultheißens zehnjährigem Zölibat. Das kam so:

»Ich wollte zu einem Kommilitonen (erzählte er), aber an der Klingel des Hauses standen keine Namen, also klopfte ich bei der Hausmeisterin an, um zu fragen. Es war eine ältere verwitwete Dame, die in einem kleine Zimmerchen hockte, das zum Innenhof ging. Sie sagte mir, mein Kamerad sei nicht zu Hause, und wir kamen ein wenig ins Reden. Ihr Mann war Lokomotivführer gewesen und hatte es auf der Lunge gehabt. Er war seit zwanzig Jahren tot. Sie selbst besserte die ärmliche Witwenrente auf, indem sie sich hier als Hausmeisterin verdingte, die Mülleimer zur Straße schob und ähnliches. Es schien ein tristes Leben, aber bevor ich sie noch bedauern konnte, bemerkte ich aus ihren Reden, daß sie keineswegs unglücklich war. Sie teilte ihre Tage in lebhafte Erinnerungen an ihren Mann und sorgsame Erfüllung ihrer Pflichten ein, sie sprach gern mit den Leuten und hörte ihnen noch lieber zu, sie war ganz bewußt ohne Ehrgeiz, also auch ohne Neid, oder in meinen damaligen Worten: Sie war klassenbewußt. Ich hatte nie geahnt, daß Klassenbewußtsein und ordentliche Erfüllung seiner Aufgaben jemanden zufriedenstellen könnte, aber die alte Dame bewies mir an jenem Nachmittag das Gegenteil und war insofern wohl die Hauptverantwortliche, daß ich das Studium abbrach und in den Verwaltungsdienst wechselte, der mir all die Zeit lassen sollte, mich auf Wichtigeres zu konzentrieren, ohne die mir überlassene Arbeit zu vernachlässigen.

Die alte Dame, sie hieß übrigens Gerda, hatte noch beinahe schwarzes Haar, das ihr, wie ich später sah, bis zu den Hüften reichte, vorerst aber noch in einem stracken Knoten im Nacken saß. Sie war rundlich, in einer sauberen, geblümten Kittelschürze, und hatte kräftige Beine, die Beine von jemandem, der vom Land kommt. Sie roch gut nach Kernseife und Wiese, und so kam es fast natürlich, daß wir einander, nachdem wir einen ganzen Nachmittag geredet und den Himmel betrachtet hatten, berührten. Und, weiß der Himmel warum, das Erfühlen ihrer ausladenden Formen, daß sie so komplett war, ihr Geist wie ihr Körper in der Schürze, so überaus rund, entzündete plötzlich meine Liebe, die von Lust nie zu trennen war, und die Zärtlichkeiten, die ich ihr darbot, erwiderte sie ganz selbstverständlich, nicht ohne zuvor den Vorhang des Hoffensters diskret zugezogen zu haben.

Hätte ich sie nicht geliebt – in diesem Moment –, hätte ich ihr nicht angehören können, es wäre mir physisch unmöglich gewesen, damals wie seither immer, wie ich auch stets die, mit der ich Lust teilte, gerade darum liebte; insofern habe ich mir angewöhnt, nur von »lieben« zu sprechen, da mir die beiden Bedeutungen des Wortes nie trennbar gewesen sind.

Es war vielleicht sechs Uhr nachmittags, und angesichts der zehnjährigen Unterbrechung wird es Sie nicht erstaunen zu erfahren, daß wir geschlagene zwölf Stunden beieinander blieben, ich war fasziniert von ihrem großen, warmen, weichen Leib, der nach sogar zwanzigjähriger Pause (und so hatten wir auch diese Seltsamkeit gemein) noch einmal erglühte; ein Phänomen, das ich aus meiner Kindheit kannte, wenn einige Pflanzen, Gewächse, die ein ungeheuer vertrauensselig-positives Wesen besitzen, an warmen und schönen Spät-Oktober-Tagen plötzlich irrende Triebe aussenden, die natürlich der erste Frost zerstört, die aber nichtsdestoweniger eine mutige und tapfere Herausforderung an die

Gnade der Natur darstellen. Das Schönste an Gerda war, wie schon erwähnt, ihr meterlanges, schwarzes Haar, gebürstet und gekämmt, seidig wie ein Fell; und ich fühlte mich auf ihrem Körper, wie ich mir denke, daß Wellenreiter in südlichen Ozeanen sich fühlen, wenn sie vor dem runden Kamm einer breiten Woge in schäumender Wildheit über dem Element balancieren und fliegen und im Gebraus sanft hinabgleiten.

Beiden war uns das Wissen eins, daß derartige Momente nicht zu wiederholen sind, und ohne es verabreden oder erklären zu müssen, sah ich Gerda nie wieder. Von diesem Tag an aber verging kein Abend mehr in meinem Leben, an dem ich nicht eine solche Begegnung suchte und auch fand.«

Nachdem ich (der Verf.) weiter oben meinem Unmut an den seltsamen Vorlieben meines verstorbenen Helden wohl hinreichenden Ausdruck verliehen habe, will ich mich an dieser Stelle jeglichen Kommentars über diesen Anfall von Gerontophilie enthalten und lieber zusammenfassend mit dem fortfahren, was über Schultheißens – sagen wir drittes – Leben noch zu sagen bleibt.

Der Held dieses Berichts verließ also bald die Universität, die kein Ort für ihn war, und begab sich in Staatsdienste, in denen er auch bis zu seinem Ende verblieb; an derselben Stelle, derselben Position im Katasteramt, die ihm genügend Raum und Zeit ließ, sein Leben zu leben; im immergleichen möblierten Zimmer logierend (in dem er wohl nur wenig Zeit verbrachte). Anfang der Siebziger pachtete er einen Schrebergarten in den Vierlanden südlich von Hamburg, wo er Gemüse zog und dessen Hüttchen wohl auch Schauplatz zahlreicher seiner »Lieben« war.

Viele Leser werden sich, nicht erst an dieser Stelle, befürchte ich, fragen, wie es denn nun, ganz materiell-praktisch, möglich gewesen sein soll, JEDEN TAG in diesen zwanzig Jahren eine andere Frau – ich will seinen Terminus benutzen – eine andere Frau zu lieben. Vielleicht haben Sie, verehrte Leser, diesen Bericht zu literarisch nehmend, auch noch gar nicht darüber nachgedacht, sondern sich schlicht gesagt: nun gut, sechseinhalbtausend, jeden Tag eine andere, meinetwegen, aber dann bitte ich Sie, stellen Sie sich das praktisch vor: die Zeit der Suche, das Finden, das Kennenlernen, das Vertrauenfassen, das Mutnehmen, die ersten vergeblichen Versuche, das neue und immer wieder neue Anlaufen bis zum endlichen Gelingen und Vollzug. Und all dies zusammengerafft in wenigen Stunden eines Abends oder Nachmittags und dann auch noch jeden Tag von neuem! Wie kann – wie konnte das möglich sein?

Das fragte natürlich auch ich (den dieser Prozeß bei seiner Ehefrau zum Vergleich rund vier Monate kostete), und er antwortete mir Folgendes darauf, bei verschiedenen Gelegenheiten, was ich hier gebündelt wiedergeben möchte:

»Lassen Sie sich durch die schlichte Zahl nicht beeindrucken, was sind schon sechstausend Frauen gemessen an den zwei Milliarden, die es auf der Erde gibt? Ein bißchen weniger Ehrfurcht vor den Zahlen, bitte!«

»Es ist nicht so schwer, wie Sie denken, wenn man, wie ich, nur die Liebe sucht, den Moment (den wir alle suchen, die meisten nur eben nicht bewußt). Ich bin nicht auf Schönheit aus, oder auf Rekorde, nur auf die Intensität des Erlebnisses, und darum kann oder konnte es jede sein, oder fast jede, mit der ich mir dieses Geschenk teile, denn die meisten Frauen suchen danach (im Gegensatz zu den Männern), und man erkennt einander an den Augen, die Frau im Flur im Amt, das Mädchen im Zug, eine Begegnung beim Wandern, eine Nachbarin, eine Arbeiterin in der U-Bahn; es gibt da, weiß Gott, mehr als das armselige paar tausend (6575, der Verf.) Möglichkeiten, die ich wahrnahm.«

»Ich mußte auch nie viel tun. Meist sind es die Frauen, die, haben sie einen erkannt und erspürt, die Initiative ergreifen. (Denn noch stets verbietet die Moral ihnen einen Lebenswandel wie den meinen, und so war ich oft ihr einziges derartiges Erlebnis, ihr Abenteuer, das sie am Schopf packten.) Ich mußte sie nur entdecken und wissen, wo sie zu finden waren.«

»Das ist auch ein Grund, warum ich diese Art Kneipen hier (wir saßen in der Glocke, der Verf.) bevorzuge. Ich meide die Stätten, wo die Frauen sich zu sehr in den Spiegeln sonnen, ich ziehe gemäßigte Umgebungen vor, denn hier sitzen die naiven Menschen, deren Sehnsüchte nach Intensität und deren versteckte und dann plötzlich explodierende Liebesfähigkeit noch nicht von eingebauten Lächerlichkeitsdetektoren aufgespürt wurde.«

Soweit Schultheiß. Wir, Sie, die Leser und ich, müssen uns also mit der Tatsache begnügen, daß die 6500 möglich waren und tatsächlich existierten, wenn dies auch eine Erfahrung ist, die Schultheiß mit nicht allzu vielen von uns teilt.

Ich werde mir beim Fortschreiten dieser Aufzeichnungen immer peinlicher bewußt, daß ich eine Buchhalterseele bin, kann mir aber dennoch nicht verkneifen, der statistischen Vollständigkeit halber noch einige weitere Zahlen anzuführen. Der häufigste Name der von Schultheiß »geliebten« Frauen war Gabriele (oder -a bzw. Gaby), deren er 486 kennenlernte (auch ein Stück statistischer Sozialgeschichte), gefolgt von 219 Kathrins oder Katharinas; an vierter oder fünfter Stelle liegen erstaunlicherweise (das mag die nördliche Region erklären) 62 Gesas.

Noch etwas muß hinzugefügt werden, und das ist die Frage, wie es um seine Nachkommenschaft bestellt war. Rein statistisch gesehen, müßte Schultheiß rund 1200 Kinder gezeugt haben, Tatsache ist aber, daß sich niemals in seinem Leben irgendeine Frau mit einer Alimenteforderung an ihn wandte. Da man davon ausgehen kann, daß er dem nicht zuvorkam, indem er den »Genuß«, die »Intensität« durch ein nicht vollständiges Ausleben derselben beschnitt, tut sich hier eine medizinische Frage auf, die ich aber nie mit ihm besprochen habe (ich dachte zugegebenermaßen nicht daran) und die daher auch weiterhin unbeantwortet bleiben muß.

Auf diese Art und Weise lebte der Verstorbene nun also fast zwanzig Jahre lang in der Großstadt, teilte die Nächte und freien Wochenenden mit seinen Geliebten, die er offenbar von der Unwiederholbarkeit ihrer gemeinsamen existentiellen Erfahrungen so zu überzeugen vermochte, daß nicht eine von ihnen gegen die Einmaligkeit dieser Begegnungen protestierte. Seinen Jahresurlaub nahm Schultheiß im Sommer und verbrachte ihn, meist wandernd, in allen möglichen Ländern Europas und wohl auch mehrmals an den gegenüberliegenden Ufern des Mittelmeers.

Mir fehlen die sprachlichen Mittel und die Heißblütigkeit des Charakters, hier einige der Urlaubsabenteuer so nachzuerzählen, wie er sie mir darbot, denn es war doch so, daß die Feriensituation jenen Erlebnissen einen besonderen Charakter verlieh, wobei es erstaunlich ist, daß auch außerhalb Deutschlands die Frauen offenbar die gleiche Sucht nach unerklärbaren, unwiederholbaren Momenten tiefsten Versinkens im Gefühl besaßen wie er.

So ist es mir leider nicht möglich, hier eine Geschichte wiederzugeben, deren Erotik wieder nur zu sehr mit ihrer Extremität bzw. mit Schultheißens Vorliebe für Extreme zusammenhängt und die sich in Marokko abspielte. Dort passierte ihm nämlich folgendes: Schultheiß bummelte alleine über den Basar, im schillernden Licht- und Schattenspiel der Sonne auf roter Mauer und bunter Zeltmarkise, im Duft der Gewürze und Menschen und dem seltsam-heiseren Stimmengewirr der Nomaden, als ihn ein Anruf aufmerken ließ. Ein Händler winkte ihn zu sich und bot ihm den Besitz einer Jungfrau zartesten Alters an. Nun war Schultheiß jemand, der nie im Leben Geld für seine Passion bezahlt hatte und dies auch nicht tun würde. Er ließ sich zu dem Mädchen führen, die in einem dämmrigen Zimmer auf einer Matratze saß, ein Kind mit pechschwarzem Haar, nackt unter einem feinen Schleier, die Augen, die leuchteten wie glühende Kohlen, und der Mund geschminkt, der Körper, wie nun einmal der Körper einer Neunjährigen geformt ist, kaum der zarteste Ansatz einer Brust, die bräunlich-elfenbeinerne Haut völlig haarlos, die Hände und Füße, Finger und Zehen noch klein und rund wie bei einem Baby. Das Mädchen, das Schultheiß natürlich als Fatimah vorgestellt wurde, drückte eilig eine Zigarette aus, als ihr Herr und der Fremde eintraten, und dehnte und reckte sich, wie sie das von wer weiß wem mochte abgeschaut haben. Ich weiß nicht, was bei ihrem Anblick in Schultheiß vorging, jedenfalls zahlte er dem Händler den verlangten Preis und wartete, bis er sich diskret entfernt hatte. Das Mädchen blickte ihn an und begann – traurig genug – ihre bereits mechanisch gewordenen Verführungsgesten mit abwesend-leerem Blick, der von der Routine des Gewohnten oder vom Genuß betäubenden Rauchs kam, dem sie frönte, um ihr Leben erträglicher zu machen. Schultheiß jedoch machte ihr per Hand und Augenzeichen klar, sie solle damit aufhören, und setzte sich ihr gegenüber, ohne sie zu berühren.

Das folgende kann ich nur konstatieren, nicht schildern, denn es entzieht sich – wieder einmal – völlig meinem Horizont. Der Held meiner Geschichte besaß sie, ohne sie zu berühren, oder besser liebte sie, aber nicht sie, wie sie da saß, sondern, wenn man so will, ihr potentielles Ich. Das sagt nun gar nichts, also noch einmal: Er blickte in ihre Augen und machte Liebe mit jemandem, der sie hätte sein können oder vielleicht noch werden würde, im Moment aber der Umstände wegen nicht sein konnte. Schultheiß versicherte mir glaubhaft, daß die Tatsache, daß im platten physischen Sinne keine Berührung stattfand, nichts an der Tiefe des Erlebnisses änderte. Sie waren vollkommen eins in einem Sinne, der der kleinen Fatimah, oder wie immer sie heißen mochte, wohl die Augen öffnete, denn als Schultheiß wortlos aufstand und ging, senkte sie den Kopf und weinte.

Zoophilie, Gerontophilie, und nun, mehr noch als Unzucht mit Minderjährigen, Imperialismus und Kolonialismus? Ich gestehe, daß ich nicht der Mann war, mit Schultheiß politische Diskussionen vom Zaun zu brechen. Vielleicht ist der Leser aber auch mittlerweile mit dem Wesen meines Helden so vertraut, daß er dessen Emotionalität von einer anderen Warte her zu beurteilen und zu würdigen vermag.

Eigentlich bin ich am Ende meines Berichtes angelangt, das heißt, es gäbe wohl noch viel hinzuzufügen, allein, ich weiß nicht mehr, denn im ganzen war es nur eine Woche, die Schultheiß und ich uns an der Bar der »Glocke« unterhielten. Warum er gerade mir seine Eröffnungen machte, vermag ich nicht zu erklären, aber vielleicht geschah es, weil er mein Gesicht kannte, da wir schon öfter nebeneinander am Tresen gesessen, wenn auch, ohne das Wort aneinander zu richten. Vielleicht, aber das ist eine Spekulation und kaum mein Feld, genügte es ihm, der nicht oft dasselbe Gesicht zweimal hintereinander sah, mich wiederzuerkennen, um ein gewisses Gefühl von Kontinuität zu verspüren, das ihn schließlich bewegte, mich anzusprechen.

Sagte ich übrigens, daß er Humor besaß? Wie denn auch hätte er ohne das in so vielen Frauen Begeisterung entfachen und auch wieder lindern können, ohne Schmerzen zu hinterlassen? Schmerzen, die im übrigen sein Teil wohl sein mochten, denn was sonst als jene »Lebenstrauer«, die schon dem Knaben an seinen Eltern aufgefallen war, sollte es wohl sein, die ihn Tag für Tag, Nacht für Nacht jenen Taumel intensivsten Vergessens und Wissens suchen ließ, jenen Augenblick, der alleine sein Verharren im Fortschreiten der Zeit rechtfertigte?

Nein, glücklich war er nicht, ich scheue mich nicht einmal, ihn einen Melancholiker zu nennen, abgesehen, versteht sich, von jenen Momenten, in denen er sich und die mit ihm waren in einen Zustand zauberte, der sich allen mir zu Gebote stehenden Worten entzieht.

So lebte er bis zu seinem Tode, und trotz der von mir herausgepickten Extrembeispiele waren es hauptsächlich Hausfrauen, Verkäuferinnen, Angestellte und Krankenschwestern im Alter zwischen 20 und 40, die er kennenlernte. In all den Jahren war er selbst nie krank, darum muß ihn wohl die Eröffnung des Arztes desto härter angekommen sein, die er am Morgen, bevor er abends in der Glocke zum ersten Mal das Wort an mich richtete, zu hören bekam.

Als wir einander am Ende dieser Woche ein wenig näher kannten, genau am frühen Abend des ersten Mai, teilte er mir denn auch seinen Entschluß mit, sich noch in derselben Nacht, nach einer letzten Liebe, mit einer Überdosis Tabletten (die er mir zeigte, sie steckten in seiner Westentasche) vom Leben zum Tode zu bringen.

Er verabschiedete sich von mir, und ich sah, wie seine Augen dunkler wurden, als eine rundliche Blondine von vielleicht Mitte Dreißig an einem der freien Tische Platz nahm. Er schüttelte mir die Hand, erhob sich von seinem Hocker, ging auf den Tisch zu und fragte, ob er sich setzen dürfe. Ich sah, wie die Frau nickte, und beobachtete, daß sie kurze Zeit später schon in tiefer Konversation verstrickt waren und die Frau lachte, mit leicht zwischen die Schultern gezogenem Kopf und die Hand vor dem Mund, wie Mädchen, wenn man sie mit der Gießkanne übergießt. Genau 36 Minuten nach Schultheißens Abschied von mir verließen sie gemeinsam die Kneipe.

Ich bin mir sicher, daß er an seinem letzten Tag noch einmal die Intensität fand und genoß, die sein einziges Glück in diesem Leben gewesen war. Er war traurig den Tag über und glücklich in diesen Momenten. Ich erfuhr nach einigen Tagen von seinem Tod. Er hatte die Tabletten vor der gemeinsamen Reise eingenommen und war nach ihren letzten

Augenblicken eingeschlafen, um sich selbst im Tod so treu zu bleiben, daß er bei seinem »Erwachen«, wenn ich es so nennen darf, wieder alleine war. Er war einer Krankheit zuvorgekommen, die seine Existenz auf andere als nur physische Weise bedrohte. Er starb nach einem letzten Moment der Liebe, wie ich hoffe.

Es steht mir nicht an, sein Leben zu bewerten, und ich wollte als Zeuge für sein Recht auf Seelenheil (gäbe es das) die Hand nicht ins Feuer legen. Schultheiß lebte sein Leben nach seinen Maßstäben, nach denen er es auch beschließen wollte, und so geschah es.

V

Hoffnung

in die effnung,
vier dein glied ein
glicklich zu sein

glick

glick

ERNST JANDL

JOHANN CHRISTIAN GÜNTHER

Das Feld der Lüste

Eröffne mir das Feld der Lüste,
Entschleuß die wollustschwangre Schoß,
Gib mir die schönen Lenden bloß,
Bis sich des Mondes Neid entrüste!
Die Nacht ist unsrer Lust bequem,
Die Sterne schimmern angenehm
Und buhlen uns nur zum Exempel.
Drum gib mir der Verliebten Kost,
Ich schenke dir der Wollust Most
Zum Opfer in der Keuschheit Tempel.

THOMAS MURNER

Die Fraun der Scham entbehren tun

So groß ward jetzt und schlechte Zucht,
Daß man in Blöße Zierde sucht:
Man sieht ihnen mitten auf den Rücken
Und meisterhaft sie können schicken
Die Brüst herfür, recht mit Behagen,
Die von Gestellen sind getragen;
Sie könnten sonst im Tuch ersticken.
Mehr als die Hälfte laß ich blicken,
Daß sie den Narren Lockung sein,
»Laß ab«, sag ich, »was soll das sein«,
Wenn er die Brust will greifen an:
»Was seid ihr für ein böser Mann!
Ich sag's bei meiner Ehr fürwahr,
So frech noch nie ein Mannsbild war!«
Dem Manne sie so zur Wehr sich stellt,
Als wenn dem Esel der Sack entfällt.
Ganz heimlich greift sie mit der Hand,
Indem sie leistet Widerstand,
Und hängt ganz still das Häkchen aus,
Damit der Milchmarkt fällt heraus.

JOHANN GABRIEL BERNHARD BÜSCHEL

Die Wunderwerke

Wer hat die Arschback ausgestopft,
Die sich so prall anfühlt und klopft?
Der große Sattler hats getan,
Der Pferdelenden polstern kann.
Der hat die Arschback ausgestopft,
Die sich so prall anfühlt und klopft.

Wer hat den Arsch mit Pelz geziert
Und ihn mit Klunkern ausstaffiert?
Der große Kürschner hats getan,
Der Hermeline schwärzen kann.
Der hat den Arsch mit Pelz geziert,
Und ihn mit Klunkern ausstaffiert.

Wer pflanzte mir zum Zeitvertreib
Den schönen Stengel vor den Leib?
Der große Gärtner hats getan,
Der dicken Spargel treiben kann.
Der pflanzte mir zum Zeitvertreib,
Den schönen Stengel vor den Leib.

Wer ist es, der genähet hat,
Den Wunderbeutel ohne Naht?
Der große Beutler hats getan,
Der solche Kunst allein nur kann.
Der ist es, der genähet hat,
Den Wunderbeutel ohne Naht.

Wer drechselte fürwahr nicht klein
Die Eier voller Dotter drein?
Der große Drechsler hats getan,
Der Straußeneier drechseln kann.
Der drechselte fürwahr nicht klein,
Die Eier voller Dotter drein.

JOHANN WILHELM LUDWIG GLEIM

Das Licht

Dem Liebesgotte ward ein Licht geweiht.
Er sollt, versöhnt durch diese Liebesgabe,
'Nen Liebsten schaffen für die junge Maid,
Die es gebracht. – Er lächelte: »Ich habe«,
Sprach er, »zwar nicht, worum du mich gebeten –
Behalt indes das Licht: es wird ihn gut vertreten.«

ALFRED LICHTENSTEIN

Erotisches Varieté

Auf offner Straße in der Nacht
Entkleidet sich ein Kneipenwirt.
Ein Ingenieur ist aufgebracht,
Der sich bei seinem Weib verirrt.

Nach gleichgesinnten Viechern schielt
Ein homosexueller Hund.
Ein Greis, der mit sich selber spielt,
Merkt: Allzuviel ist ungesund.

In schmutzig grüner Tunke hockt
Ein blauer Syphilitiker.
Ein Boxer bebt. Ein Baby bockt.
Verstiert fault ein Zylinderherr.

Ein Auto bringt ein Fräulein um.
Ein Junge bricht ein Mädchen an.
Verbittert ist ein Mensch. Warum?
Weil er nicht coitieren kann.

Köstliche Ringe besitz ich! Gegrabne fürtreffliche Steine
  Hoher Gedanken und Stils fasset ein lauteres Gold.
Teuer bezahlt man die Ringe geschmückt mit feurigen Steinen,
  Blinken hast du sie oft über dem Spieltisch gesehn.
Aber ein Ringelchen kenn ich, das hat sich anders gewaschen,
  Das Hans Carvel einmal traurig im Alter besaß,
Unklug schob er den kleinsten der zehn Finger ins Ringchen,
  Nur der größte gehört, würdig, der elfte, hinein.

GOTTHOLD EPHRAIM LESSING

Der über uns

Hans Steffen stieg bei Dämmerung (und kaum
konnt er vor Näschigkeit die Dämmerung erwarten)
in seines Edelmannes Garten
und plünderte den besten Äpfelbaum.

Johann und Hanne konnten kaum
vor Liebesglut die Dämmerung erwarten,
und schlichen sich in eben diesen Garten,
von ungefähr an eben diesen Äpfelbaum.

Hans Steffen, der im Winkel oben saß
und fleißig brach und aß,
ward mäuschenstill, vor Wartung böser Dinge,
daß seine Näscherei ihm diesmal schlecht gelinge.
Doch bald vernahm er unten Dinge,
worüber er der Furcht vergaß
und immer sachte weiter aß.

Johann warf Hannen in das Gras.
»O pfui!« rief Hanne; »welcher Spaß!
Nicht doch, Johann! – Ei was?
O, schäme dich! – Ein andermal – o laß –
O, schäme dich! – Hier ist es naß.« –
»Naß, oder nicht; was schadet das?
Es ist ja reines Gras.« –

Wie dies Gespräche weiter lief,
das weiß ich nicht. Wer braucht's zu wissen?
Sie stunden wieder auf und Hanne seufzte tief:
»So, schöner Herr! heißt das bloß küssen?
Das Männerherz! Kein einz'ger hat Gewissen!
Sie könnten es uns so versüßen!
Wie grausam aber müssen
wir armen Mädchen öfters dafür büßen!

Wenn nun auch mir ein Unglück widerfährt –
ein Kind – ich zittre – wer ernährt
mir dann das Kind? Kannst du es mir ernähren?«
»Ich?« sprach Johann, »die Zeit mag's lehren.
Doch wird's auch nicht von mir ernährt,
der über uns wird's schon ernähren,
dem über uns vertrau!«

Dem über uns! Dies hörte Steffen.
Was, dacht er, will das Pack mich äffen?
Der über ihnen? Ei, wie schlau!
»Nein!« schrie er, »laßt euch andre Hoffnung laben!
Der über euch ist nicht so toll!
Wenn ich ein Bankbein nähren soll:
so will ich es auch selbst gedrechselt haben!«

Wer hier erschrak und aus dem Garten rann,
das waren Hanne und Johann.
Doch gaben bei dem Edelmann
sie auch den Apfeldieb wohl an?
Ich glaube nicht, daß sie's getan.

DAGMAR LEUPOLD

Die Braut

Ein junger Mann preist zur Verwunderung aller Mitreisenden ganz laut die körperlichen Vorzüge seiner Braut.

Er spricht von einem exquisiten Muttermal millimeternah der Oberlippe, dessen leichte Erhebung, nein, Aufgeworfenheit ihn beim Küssen in die allergrößte Erregung versetze, der er jedoch zufriedenstellend Herr werde – er macht eine kurze Pause, um sich zu vergewissern, daß seine zumeist älteren Zuhörer verstehen, daß er von fachmännisch betriebener Rücksicht bezüglich der sanfter ansteigenden Kurve der weiblichen Klimax spricht –, und fährt dann fort in seinem Bericht, der ausführlich bei ihrem schulterlangen Haar verweilt, das unter seiner Fürsorge feucht werde wie das Fell eines Welpen, und glänze! Glänze! Wir können uns das gar nicht vorstellen!

Die meisten haben ihre Zeitschriften nur so weit gesenkt, daß auch noch glaubhaft gemacht werden kann, man läse. Aber irgendwie zieht der Vortrag doch alle in seinen Bann, und vereinzelt wird der Erzähler sogar gierig angestarrt.

Alles an ihr sei braun, die Haut, das Haar, die Augen, im Grunde auch die Lippen, rotbraun, feigenbraun, halt: er hat's! Pflaumenbraun! Und er ginge soweit zu behaupten, daß sie auch nach Pflaumen schmecke, und zwar überall, und nach Zimt. Über die Maße wolle er lieber schweigen, das würde ihm ohnehin niemand abnehmen, daß seine Braut die Figur eines Models habe; dies ohne die geringste Anstrengung oder lustfeindliche Zurückhaltung beim Essen, Rollschuh fahre sie, aber mehr auch nicht.

Der Erzähler hat sich vorgebeugt, die Ellbogen stützt er auf die Knie, und sein Gesicht ist den nur durch den Tisch getrennt gegenüber Sitzenden eindringlich nah.

Ein Problem, müsse er gestehen, gebe es: die Sprache. Sein Englisch sei alles andere als einwandfrei, und Sonderwünsche ihrerseits blieben schon einmal unverstanden. Andererseits, ohne zu prahlen, könne er nicht verhehlen, daß er die meisten Wünsche längst vor ihrer Äußerung bereits doppelt und dreifach erfüllt habe, insofern müsse er das mit dem Problem zurücknehmen oder doch zumindest relativieren – *noch* sei es keines. Jeder von Ihnen wäre hingerissen! ruft er mit einer uns alle, Frauen wie Männer, umfassenden, ausholenden Armbewegung und erntet allmählich die erste, nickend besiegelte Zustimmung.

Wir fragen uns wohl, warum sie nicht hier neben ihm sitze, wie er es überhaupt bei allen diesen Vorzügen aushalte, allein zu reisen!

Ja, das sei schnell erklärt, seine Braut habe einen sehr vollen Terminkalender, hetzt von einem Weltende zum nächsten, zwischendurch noch Filmerei, und so bleibe ihm doch etliche Wochen im Jahr nichts übrig, als in Erinnerungen zu schwelgen und beinahe wie ein Missionar von den empfangenen und erteilten Wohltaten – wie er das ja auch gerade jetzt tue – getreulich zu berichten.

Ein Mobiltelefon, sagt er, hilft über die ärgste Sehnsucht hinweg, mitten in der Nacht rufe sie an, wegen des Zeitunterschieds sogar eigentlich vorwiegend nachts, und sagt *honey* auf eine Art und Weise, die er besser nicht nachahme, sonst würde es Gänsehaut und mehr setzen, bei uns, den Zuhörern, und auch wie es zugehe, wenn er mit *remember?* das Erinnerungskarussell lostrete, wolle er aus den gleichen Gründen lieber ungeschildert lassen.

»Der spinnt ja«, sagt da eine alte Dame in die Pause hinein, die der Erzähler sich wohl aus Erschöpfung gegönnt hat, »und wie!« ruft eine zweite Stimme und: »der glaubt wohl, die Cindy hat so etwas nötig!« erregt sich ein Dritter. Der Großraumwagen ist in heller Aufregung, es gibt auch Reisende, die für den Erzähler in die Bresche springen, Futterneid und Komplexe bei denen vermuten, die ihn angreifen, man schreit nach Herzenslust, faßt sich grob am Anzugrevers, pocht mit den Fingerknöcheln so schmerzhaft an den Oberarm des Kontrahenten, daß blaue Flecken die Meinungsverschiedenheit nicht nur bezeugen, sondern verschärfen und befestigen.

So geht es durch zwei Bahnhöfe, der Erzähler sitzt mit zurückgeneigtem Kopf und geschlossenen Augen, in seinen Mundwinkeln ein kaum angedeutetes Lächeln. Als sein Telefon in der Brusttasche klingelt, hebt er gebieterisch die Hand, und es herrscht sofort Stille.

Soviel ist klar, er spricht deutsch, wiederholt »ein dreiviertel Pfund, gemischt«, sagt »wird gemacht« und endet mit wenigen Bemerkungen, die sich um Speisen, Einfrieren und Auftauen drehen, und schiebt das Telefon zurück in die Brusttasche.

Man nimmt nun die Lektüre wieder auf.

CELANDER

Verschwendung im Schlafe

Mein Mädchen, laß hinfort mich nicht verschwendrisch sein
Und nimm die Perlenmilch in deine Muschel ein.
Groß Schade, daß sie wird so liederlich zerspritzet,
Da wo sie keiner Schoß, auch nicht den Tüchern nützet.
Dein Hartsein gegen mich verschwendet meinen Schatz,
Vergönne mir hinfort in deinem Schoße Platz
Und laß den Liebestau daselbsten sich ergießen,
Wo er mit größrer Lust wird als im Schlafe fließen.
Dein dürrer Acker wird alsdann von Wollust feist,
Die Brüste härten sich, die Lust entzückt den Geist,
Die Anmut, die durchdringt des ganzen Leibes Glieder,
In Lachen steigt man ein, mit Kitzeln kommt man nieder.
Nichts als Ergötzung bringt er deiner Marmorschoß,
Die Venus spannt dir dann den Jungferngürtel los
Und läßt dir alle Lust, die sie besitzet, schmecken.
Der Hymen wird nach Schmerz den süß'sten Scherz erwecken.
Ach, stelle doch, mein Kind, die Sprödigkeit nur ein,
Laß deine Muschel mir nicht mehr verschlossen sein,
Eröffne ihren Helm, die Nahrung zu empfangen,
Wo in dem Liebestau die Anmutsperlen prangen.
Sperrt nun dein Muschelschloß die Tore willig auf
Und hemmt kein Widrigsein mir meinen Liebeslauf,
So soll der Liebessaft mit süßen Quellen fließen
Und sich mit vollem Strom in deine Muschel gießen.

MARTIN AHRENDS

Die Sandale

– Wie war das mit der Sandale?

– Hab ich doch schon erzählt.

– Du hast nur mal was angedeutet von einer Fußgängerzone in einer südlichen Kleinstadt und einem wahnsinnig heißen Sommertag. Und von der bekleckerten Sandale - ist dir das wirklich passiert?

– Es ist mir ... zugestoßen.

– Zugestoßen?

– Zu-ge-sto-ßen. Der Tag war dafür gemacht. Einzig und allein dafür. Es gibt solche Tage. Und ich stand allein in dieser stickigen kleinen Wohnung. Allein mit diesem Tag und mit mir, und mein Sproß ragte so erwartungsvoll in die Sommerluft, daß es einen jammern konnte.

– Du warst nackt?

– Es war tatsächlich eine wahnsinnige Hitze in meiner Dachkammer. Und ich war allein. Mein Sproß wippte vorfreudig, als gelte es, die Luft, die Hitze, den Tag zu vögeln. Konnte ja nicht wissen, daß er nur wieder ruhiggestellt werden sollte. Ich ging dazu aufs Klo. Aber die Vorstellung, hier so mutterseelenallein an mir herumzuhantieren, war an diesem Tag völlig absurd. Verstehst du das? ES war nicht in dieser stickigen Dachwohnung, schon gar nicht auf der Toilette. ES war in der Luft, es war draußen, nicht drinnen.

– Du bist also rausgegangen.

– Erstmal schloß ich hinter mir ab. Und stellte mir vor, mich in der Schule, in der Uni, in der Redaktion, im Zug in einen Lokus einzuschließen. Mich vor allen anderen zu verbergen und ihnen doch ganz nahe zu sein. All den Frauen mit ihren zugehakten Büstenhaltern. Die mir ahnungslos nahe waren und dem, was ich vorhatte, im Prinzip nicht abgeneigt. Frauen, die sich nicht erschrecken würden vor mir, sondern mir verständig entgegenkommen, sogar meiner Geilheit, die ja an sich nichts Böses war. Die ich nur viel zu lange mißachtet hatte und die deshalb zur Panik neigte. Ich stand neben dem Klo und stellte mir vor, nebenan, ganz in der Nähe säße, stünde, läge die oder die.

– Ich auch? Hast du an mich gedacht?

– Das eben nicht. Ich wollte mich nicht nach dir sehnen, ich wollte es abtun. Hab die Hose aufgeknöpft und bis zu den Fersen herabgestreift. Aber schon diese einsame, vorsätzliche Verrichtung machte mich elend. Was sich wie die übliche Geilheit angefühlt hatte, der ich hätte abhelfen können, das wandelte sich in diesem Nachmittag in die unabweisbare Gier nach einem warmen Menschenweib.

– Nicht nach mir?

– Es war allgemeiner. Es hatte mit diesem Draußen zu tun. Dies Draußen war ein riesiges verheißendes Weib. Ich schloß auf, trippelte mit der Fußfessel ans Fenster. Unten der Park, Kieswege, hohe Buchen, die Statuen von der Hitze gelähmt. Ich fand das alles ziemlich albern und tat mir ziemlich leid. Was in mir angeschwollen war, hätte sich mit der üblichen Rüttelei nicht beilegen lassen. Mein Sproß war voll übergroßer Erwartung. Und war so melancholisch gestimmt wie ich, ihn hungerte nach Erfüllung. Nach dem Ganzen. Nach Wahrheit. Er war es leid, getäuscht und dazu mißbraucht zu werden, mich einigermaßen arbeitsfähig zu machen. Ich sah ihn an, nahm ihn in die Hand. Er rührte sich nicht. Nein, es ging so nicht, nicht an diesem Tag.

– Und dann tauchte die Frau auf?

– Ich hörte den Kies knirschen. Sie kam hinter dem abgeblühten Flieder hervor. Sie ging einfach zu langsam. Sie bewegte sich in Zeitlupe, als hätte sie den Tag verstanden.

– Was heißt verstanden?

– Sie war darin aufgegangen. Sie war dieser Tag. Sie war die von Hitze flirrende Luft, die begattet werden will. Plötzlich gab es die Möglichkeit, auf die ES gewartet hatte, meine Menschin, meine Antwort auf diesen Tag. Ich riß die Hose hoch, verstaute den Sproß, der eben aufzuwachen begann, stürzte hinunter. Ich wußte nicht, was ich da sollte. Aber ich konnte nicht anders. Ich konnte sie nicht vorbeigehen lassen. Ich mußte in ihrer Nähe bleiben.

– Du bist ihr nachgelaufen.

– Wie ein Hund, ja. Wie ein scheuer, räudiger Köter. Mit einem Hammer zwischen den Beinen. Ich hatte eine kurze Hose an, und das pralle Ding rieb sich zwischen Bein und Hosenrand. Ich wollte mich ablenken. Ich sagte mir, daß ich nicht ihr dünnes Kleid, sondern nur das Geheimnis ihrer Langsamkeit lüften wolle. Daß es nur ihre Langsamkeit sei, die mich interessiere: Aber es war natürlich ihr Arsch. Der schlief ihr wirklich beinahe ein beim Gehen. Und doch hatte ich das Gefühl, daß er hellwach sei. Ich mußte daran denken, wie wir als Kinder der Anita Ameisen in den Po gesteckt haben. Wie sie da im Wald auf dem Bauch lag und es erwartete. Wie ihr Po es erwartete. Stumm, blaß. Aber doch auch sehr gespannt darauf. Auf dies Kribbeln, wenn die Ameisen sich ihren Ausweg suchten, womöglich in die falsche Richtung.

– Lenk nicht ab. Du bist dieser fremden Frau nachgestiegen. Wie ein räudiger Köter, sagst du. Hast du dich nicht geschämt?

– Ich glaub nicht, nein. Ich hatte das Gefühl, es sei absolut normal, was ich tat. Das muß an diesem Tag gelegen haben. Ein Paarungstag. DER Paarungstag. Die Ameisen schwärmten aus, beflügelte Krabbeltiere torkelten durch die Luft. Sie taten etwas, das sie nie für möglich gehalten hatten, sie flogen! Einer Königin hinterher, wenn auch ohne Aussicht, sie je zu erreichen. Aber sie schwärmten. So ging es mir auch. Ich war ein Männchen, das einem Weibchen folgte, ihrer Gestalt, ihrer Bewegung, ihrem Geruch. Ich brachte es nicht fertig, stehenzubleiben oder umzukehren. Ringsum stürzten die Drohnen ab und starben. Ich mußte ihr folgen, sonst wäre ich abgestürzt. Wenigstens folgen mußte ich ihr, dranbleiben, sie mit dem Blick festhalten, an ihr haften, saugen mit den Augen.

– Saugen mit den Augen! Mein Honigmännchen. Mein Triebtierchen. Du hast sie nie von vorn gesehen? So, wie du mich jetzt siehst?

– Erst zuletzt. Als das mit der Sandale passiert ist.

– Dir zugestoßen.

– Zugestoßen ohne zuzustoßen. Ihre Vorderfront hat mir den Rest gegeben. Nicht das Gesicht allein. Aber das Gesicht auch. Ich sah plötzlich, daß es ihr genauso ging wie mir. Daß sie die ganze Zeit auf der Suche war nach mir, ohne zu wissen, daß ich es war. Aber soweit bin ich noch nicht.

– Ich bin schon soweit.

– Du mußt warten, bis ich zu Ende erzählt hab. Halt stille, rühr dich nicht. Wir kamen zum Ende des Parks, und seiner Gelegenheiten. Der Savanne, darin ich Witterung aufnehmen und mich an meine Beute heranpirschen konnte, unter den scharfen Ahornblättern, die jetzt im leichten Wind die Hitze zerhäckselten. Vom Park in die Stadt, mittenhinein in die Fußgängerzone. Das wäre sonst eine ziemliche Ernüchterung gewesen, nicht an diesem Tag. Frauen in dünnen Sommerkleidern. Mit langsam gewachsenen Brüsten und Hüften und Hinterteilen, mit denen sie sich so lang geschleppt hatten, um an diesem einen Tag bereit zu sein. Und ich das aufgeklappte Werkzeug, das blind dazwischen hinirrt. Die Reibung zwischen Bein und Hose hatte bewirkt, daß ich in einer Kurzdavor-Trance tänzelte zwischen all den schwitzenden jungen Frauen, um mich irgendwann ganz selbstverständlich in die All-Eine zu entladen.

– Wolltest du dich wirklich …

- Ach, was ich wollte … ES wollte. Und zwang mich, ihr auf den Fersen zu bleiben. Es konnte auch jede andere sein. Und es konnte geschehen ohne eine bestimmte von ihnen, denn ich war von ihnen allen dicht umgeben. Da war ein Pantomime, die Menschen drängten sich herzu, ich auch, was mir sonst mißbehagt. Nun aber …

– An diesem Tag …

– Vor mir stand eine junge Frau in einem kurzen Wollkleid. Viel zu heiß, dachte ich, wozu dann noch Unterwäsche. Durch die Wollmaschen konnte ich erkennen, daß sie tatsächlich keine trug. Ich habe meine Shorts nur um ein weniges heben müssen, und mein aufgeklapptes Werkzeug kam exakt zwischen die unbekleideten Hinterbacken zu liegen, die sich unter dem Wollkleid mir entgegenwölbten. Die Menge drängte mich. Ich drang vor, notgedrungen. Wie eine Schnecke mählich, aber stetig hinfließt auf dem Blatt, schiebt sich mein Gleitkopf vor, bis er mit ihrer Feuchtigkeit zusammentrifft und hochzeitet und nicht mehr anders kann, als in sie aufzuschlüpfen, was ihm so leicht gelingt, daß sie wohl höchstens noch ein Huch oder Nanu wird hören lassen, doch schon mit eigentümlich unbeherrschter Stimme. Worauf ich nichts zu tun brauche, als mich den Schwankungen der Menge hinzugeben. Und wenn sie dann über die Kunststücke des Pantomimen herzlich lacht, das Zwerchfell wippt und seine Wellen in den Bauchraum wirft, wird es schon bald um mich geschehen sein.

– Jetzt spinnst du. Das gilt nicht. Bleib bei der Wahrheit.

– Gut, gut, die peinliche Wahrheit also. Aber nicht bewegen. Auch nicht lachen. Es soll aus reinem Gedanken über dich kommen. In völliger Ruhe. So, wie es mir geschah in dieser Fußgängerzone. Ich suchte mich also abzulenken. Ich sah mir Schaufenster an. In einem Haushaltwarenladen liegen Töpfe, Kannen, Einweckgläser, ein ganzes Einweck-Set mit einem Kessel, Thermometer, roten Gummis. Das mag helfen, dachte ich: Obst, breiig zerkocht, grau in staubigen Gläsern, winters im feuchten Keller bei dicken Spinnen.

– Reicht.

– Siehst du, es hilft, mir aber half es nicht. Mehr Weckgläser, dachte ich bei mir, mehr brave Einweckgummis, mehr breigekochtes graues Winterobst, aber etwas in mir fixierte dieses Thermometer. Wie es in diese Öffnung paßt im Einkochkessel-Deckel und sich im Siedenden bibbernd bewegt. Und wie es von der Köchin scharf beäugt wird, die nach getaner Arbeit sich auf ihrem Schemel zurücklehnt. Der nun nichts mehr zu tun bleibt, als diesem Thermometer zuzusehen und seiner zarten Rüttelei, der heiß wird, die sich plötzlich halblaut fragt, ob man damit wohl auch die eigne Temperatur messen könne und wie das zu bewerkstelligen wäre, ob im Stehen, im Liegen oder in der Hocke, und ob das Ding wirklich erst ganz abkühlen müsse, und bei welcher Temperatur die Messung auszuhalten wäre. Ich wende mich ab, im nächsten Schaufenster steht ein Paar Schuhe, füll mich aus, sagt der eine zum anderen, ich hab die Anprobiererei satt. Fahr in mich, du bist groß genug, du paßt zu mir … Ich wende mich, da trifft mich das Fledermaus-Lächeln von drei nackten Schaufensterpuppen, armlos, spitze Tittelchen. Ich tute ein paar Schritte rückwärts, weil mein Werkzeug nun in einer finalen Weise reizbar geworden ist. Kein Schritt mehr, keine Bewegung, sonst geschieht ES hier und jetzt. Und als ich mich abwende von der nackten Pappe, kommt sie um die Ecke, schlendert in ihrer unnachahmlichen Langsamkeit gerade auf mich zu. In all ihrer beweglichen Pracht und mit einem Gesicht, das ich lange weiß und kenne. Sie ist das Draußen und der heiße Tag, ich darf mich jetzt ergießen zu ihr hin. »Wie spät ist es«, fragt sie mit gutturalem Alt. Statt einer Antwort schießt es mir zuckend aus dem Hosenbein und kleckert ihr auf die Sandale. Sie sieht den roten Puppenkopf aus meiner Hose ragen, und …

– Reicht. So eine Sauerei.

– Genau das hat sie auch gesagt.

HANS EICHHORN

Chronische Präpotenz

Frieda stand mit offenem Hemd vor dem Kamin und lächelte verführerisch. Der Baggerfahrer hatte um ihre Hand angehalten, ohne sie aus der Nähe zu kennen. Für soviel Taktlosigkeit hatte sie etwas übrig. Sie kam sich ohnehin wie ein ausgelatschtes Rindvieh vor; seit Tagen keine Berührung. Das Wetter war zudem schlecht, die kälter gewordene Luft störte sie in ihrer Empfindsamkeit. Es war eben alles laut und schmeckte nach nichts. Bin ich verliebt? Haßt mich jemand? Unter der Türklinke steckt ein abgebrochener Schlüssel. Das einzige Instrument im Raum, das sie gelegentlich mit Wohlgefallen betrachtete. Herrgott! Das Salz, die Knochen, den ganzen Hund bitte; es rinnt ihm der kalte Schweiß über das Rückgrat, und dann zuckt es kurz. So schnell ist es verspritzt. »Und ich«, schreit Frieda, »komme wohl nie auf meine Rechnung.« Er steht auf und zieht den Stecker des Bügeleisens heraus. Von draußen grüßt ein auf dem Kies durchdrehender Reifen herein. Bei längerem Aufenthalt geht noch alles in die Binsen.

GOTTFRIED AUGUST BÜRGER

An die Feinde des Priaps

Phantasien in drei Priapischen Oden dargestellt und im Wettstreit verfertigt von Bürger, Voß und Stolberg. Letzterer erhielt die Dichterkrone.

Es knallet alles was lebet,
Was in den Lüften schwebet,
Es knallt die ganze Welt;
Ein Mädchen von zwölf Jahren,
Mit zwanzig Stoppelhaaren,
Der Fuchsschwanz schon gefällt.

Was machen nicht für Mienen?
Die Hasen und Kaninchen,
Was tut der Sperling nicht?
Der Hengst macht junge Füllen,
Der Boll hat seinen Willen,
Wenn ihn der Kitzel sticht.

Der Elefant von hinten,
Weiß auch das Loch zu finden,
Der Kater braucht kein Licht;
Der Bär bohrt seine Frau,
Mit Lust wohl in den Rauh,
Warum denn Menschen nicht?

Selbst Juno mußte lachen,
Als Jupiter wollt machen,
Ihr einen dicken Bauch;
Doch läßt sie sich's gefallen,
Und läßt sich tapfer knallen,
Bei einem Rosenstrauch.

Diana, müd vom Jagen,
Läßt sich den Spieß behagen,
Sie steckt ihn selbst hinein.
Doch, wer ihr will gefallen,
Der muß dabei vor allen
Recht wohl beschlagen sein.

Merkur, der Götterbote!
Ist auch von solchem Schrote:
    Wenn er ausfliegen soll,
Besucht er jede Nymphe
Und gibt ihr wackre Trümpfe,
    Sprützt ihr die Büchse voll.

Auch Cupido, der Kleine,
Greift Venus zwischen die Beine,
    Sein Schwänzchen wird ihm hart;
Er sprützt den edlen Samen,
In aller Götter Namen,
    Der Mutter in den Bart.

Vulkan, in seiner Kammer,
Mit seinem Schmiedehammer,
    Muß auch mit an den Tanz;
Sein Schwanz, wenn er geschwollen,
Hält fünf und zwanzig Zollen,
    O auserlesener Schwanz!

Charon, beim Überfahren,
Fuchst alles rauch von Haaren,
    Schont auch die Votzen nicht;
Pluto fuchst Proserpinen,
Und Luchse fuchst Luchsinnen,
    Warum denn Menschen nicht?

Ihr Nonnen und ihr Pfaffen!
Ihr sollt beisammen schlafen,
    Laßt Messe Messe sein;
So oft die Glocken läuten,
So oft sollt ihr euch reiten,
    Steckt ihn fein tief hinein.

Bemerket diese Worte,
Ihr Jungfern aller Orte,
    Hört meine Lehren doch;
Verlaßt die samtnen Dinger,
Und steckt statt eurem Finger,
    Den rechten Schwanz ins Loch.

JOHANN HEINRICH VOSS

An Priap

Leckt Votzen, Ihr neun Pindars-Luder,
Leckt mit Apoll, der schläfrig geigt;
Und dessen kleiner matter Bruder,
Nur durch das Fingern aufwärts steigt:
Priap! beseele meine Leier,
Und gönne ihr das rege Feuer,
Das sich durch deine Klöt ergeußt;
Und durch die aufgeschwollenen Röhren,
Um deine Wollust zu vermehren,
Dickschäumend in die Votze fleußt.

Kommt Hurenbuben, kommt zusammen,
Zeigt euren Mut und fuchst euch satt,
Ein Schauspiel setzt mich jetzt in Flammen,
Das nie der Himmel schöner hat:
Ich sehe Brüste, Zitzen strotzen,
Nebst tausend auserlesenen Votzen,
Von kaltem Bauer überschwemmt;
Ich sehe tausend Klöte glänzen,
Bei tausend auserlesenen Schwänzen,
In feiste Lenden eingestemmt.

O, reiz mich oft mit solchen Bildern,
Du meiner Sehnsucht Gegenstand;
Die Wollust ist nie genug zu schildern,
Die nur zu sehn mein Herz empfand.
Priap! Dir bau ich einen Tempel,
Und vögle andern zum Exempel
Zwölfmal, den Altar einzuweihn;
Statt Gold soll kalter Bauer glänzen,
Und Votzenhaar die Tür umkränzen,
Mein Schwanz soll Hoherpriester sein.
Hirsch, Adler, Wolf und Walfisch lehren,
Wie man beständig vögeln soll;
Der Sperling ist nie genug zu ehren,
Denn der ist immer samenvoll.
Kurz, alles muß gevögelt werden,

Die Votz enthält, was man auf Erden
Erhabenes nur denken kann;
Sie zeigt sich, – tausend Schwänze starren,
Der Weise vögelt mit dem Narren,
Der Bürger mit dem Edelmann.

Sind meine Klöt nur voll von Feuer,
Und macht mein Schwanz sein Meisterstück,
Dann bin ich reich bei einem Dreier,
Und scheiße fast auf alles Glück.
Zufrieden und entfernt vom Neide,
Seh ich in meinem schlechten Kleide
Die Pracht der großen Herren an,
Weil der, der auf dem Throne sitzet,
Wenn er den Samen von sich sprützet,
Nicht mehr als ich, empfinden kann.

Seht auf Athens erhab'nen Plätzen,
Melkt sich ein Schwanz der Zyniker;
Die Menge sieht ihn mit Ergötzen
Und steht mit Ehrfurcht um ihn her.
Es läßt sich Sturm und Donner hören,
Doch nichts kann unsern Weisen stören,
Obgleich der Himmel kracht und blitzt;
Er fähret fort mit langen Zügen,
Bis daß er taumelnd für Vergnügen,
Den edlen Samen von sich sprützt.

FRIEDRICH LEOPOLD ZU STOLBERG

Wahl meiner künftigen Gattin und ihrer Eigenschaften

Vivat, wer ohn' allen Eckel,
Auch den ärgsten Gassen-Reckel,
Frisch durch Läuse, Schorf und Dreck
Fuchst ins Teufels Namen weg.

Nicht weiß wie Milch und Blut, gepudert und frisiert,
Und mit dem reichsten Schmuck von Frankreich ausgeziert,
Nein, rupригt, ledergelb und schmierig wie ein Schwein,
Soll die, die ich mir einst zur Gattin wähle, sein.

Mich reizt kein braunes Haar, in Locken sanft gewunden,
Worin sich mancher schon im Netz verstrickt, gefunden,
Nein, sträubig und mit Schorf, mit Läusen wohl geziert,
Und blutrot sei ihr Haar, mit gelben Talg geschmiert.

Nicht schalkhaft lächelnde, nicht große blaue Augen,
Gemacht der Liebe Geist aus ihnen einzusaugen,
Nein, eitern müssen sie, wie Drachenaugen glühn,
Und hoch am Tränenquell ein gelber Pettig blühn.

Nicht griechisch, nicht antik, von Phideas gerissen
Nein, stumpf und unpoliert, schon faulend und beschissen,
Soll ihre Nase sein, mit Finnen übersäet,
Und stinkend wie die Pest in einem Lazarett.

Ein langes Ohr, aus dem ein Strom von Unrat fließt,
Und wie aus dem Vesuv die Lava sich ergießt,
Ein leckeres Gemisch von Pettig, Blut und Salz,
Mit Schweiß und Grind vermischt und gelbem Ohrenschmalz.

Ein schiefes Maul, verbaut mit platten Lippen,
An dessen Eingang her, zwei Reihen großer Klippen
Zwei Hauer, so wie dort des Herkul's Säulen stehn,
Und da den Höllenpfuhl, hochprangend übersehn.

Es krön' ein Hasenschart den Quell von faulen Düften,
Die alles um sich her verheeren und vergiften,
Der ohne Unterlaß in zähen Geifer schwimmt,
Und durch den stets ein Rotz ins Maul den Eingang nimmt.

Es gleiche jeder Zahn verbrannten Palisaden,
Und sei ein Aufenthalt der Würmer und der Maden,
Ganz hohl und kohlenschwarz in Scharbock eingehüllt,
Und mit verfaultem Fleisch und Läusen angefüllt.

Ein Hals, geschickt um die Anatomie zu lehren,
Ein Kopf und eine Brust, die doch in allen Ehren,
Den zweien Zitzen gleicht, und schrumpfig hangend platt,
An diesem sitzt der Krebs, wenn die den Fistel hat.

Ein schlaffer Bauch gehängt auf zweien spitzen Hüften,
Filzläuse weiden hier in unzählbaren Triften,
Ihr Puckel gleiche dem, von einem Elefant,
Auf welchem Rad und Pfahl, und Galgen eingebrannt.

Der Sitz des Schreckens sei die ungeheure Votze,
Zerschrumpft und ohne Haar, verklebt mit grünem Rotze,
An der seit Jahren schon manch kalter Bauer hängt,
Mit Tripper, weißem Fluß und Schanker untermengt.

Stets muß ein dicker Schleim aus dieser Quelle träufen,
Und sich zu Händen hoch an ihre Öffnung häufen,
Bis an den Lenden sich der Strom hinübergießt,
Und halb mit trägem Lauf ins Arschloch überfließt.

Zwei eingebogne Knie mit krummen Säbelbeinen,
Die wie ein römisch X sich zu durchkreuzen scheinen,
Und weil das Ende sich zum Anfang reimen muß,
Den Knochenfraß am Bein, und den Verschwind am Fuß.

So soll die Gattin sein, die ich mir einst erwähle,
Bös, eigensinnig, falsch, von teuflerischer Seele,
Dumm muß sie wie ein Rind, doch voller Tücke sein.
Zerlumpt und bettelarm, doch stets voll Branntewein.

Und soll sie vollends gar mein ganzes Herz besiegen,
Muß sie die Schwerenot des Tages zehnmal kriegen,
Mit jedem Hurenwirt und jedem Tambur gehn,
Und immer oben an, auf ihrer Liste stehn.

Werd ich dies Urbild einst, auf dieser Runde finden,
Dann werd ich und nicht eher, auf ewig mich verbinden,
Alsdann darf ich mich nicht, noch fürs Betrügen scheun,
Und werde glücklicher als tausend Männer sein.

Sie träumten Engel sich, und fanden doch mit Schrecken,
Wie unter Engel sich auch Teufel oft verstecken,
Ganz anders wird es mir mit dieser Gattin gehn,
Ich träumte Teufel mir, und werde Engel sehn.

ECKHARD HENSCHEID

Charlottens Brief

Werter Werther,
Denkst Du noch des Camembert, der
Unsre Liebe sanktionierte,
Während ich Dich deflorierte –
Wart einmal: beziehungsweise
Du mich. Ach, du Scheiße,
Beinahe hätt ich's vergessen
(so geht's halt den Topmätressen)
Dir zu sagen, wie ich Dich
Liebe ganz herztausiglich!
Du, mein kleiner Gardeoberst,
Du mein Scheißer! Warte, ob erst
Albert aus dem Hause fort –
Nein, er hockt auf dem Abort –
Trotzdem wag ich diesen Brief!
Ja, der Camembert hat tief
Mir damals das Herz durchbohrt.
Glaub's mir, Werther, jedes Wort
Dieses Klopstock, den wir lasen,
Und du tät'st so artig blasen,
Ging mir an die Eier mein –
Stop! Die Eier sind ja Dein
Ein und Alles – Hen kai pan,
Wie Du's ausdrückst, werter Mann.
Kurz, wie man's auch dreht und wendet –
Albert scheint am Klo verendet –
Ich bin Din und Du bist min!
Ach, ich möcht' nach Westberlin!
Sightseeing mit Dir, das wär's,
Unter des Berliner Bärs
Tatzenpratzen Dich zu knutschen,
Schnell in' Grunewald zu rutschen –
Ach, wie wird mir Wetzlar öde,
»Lar« fürwahr – und dann die blöde
Hühnerfickerei des Pfarrers
Hiebel Jochen, dieses Schmarrers,
Der mich ständig hacken will,

Und ich halt auch schon brav still,
Bis Du wiederkömmst, mein Sauschwanz,
Bleib ich ewig treu und Dein ganz;
Spitz wie Wetzlarer Karotte
Wartet Dein – mmmh Bussi!

Lotte.

JOSEPH VON WESTPHALEN

Lametta Lasziv und der brüllende Literaturkritiker

Eigentlich hieß sie Helga Müller. Weil sie an Weihnachten auf die Welt gekommen war, wurde sie Lametta genannt. »Lameddah«, hatte der sächsische Vater gesagt und die Neugeborene geküßt. Als Lametta zwanzig Jahre später eine feine Marktlücke entdeckte und glorreich glitzernd ins Weihnachtsgeschäft einstieg, kam ihr alter Kosename wieder zur Geltung.

In den Weihnachtstagen sehnten sich die Leute mehr denn je nach Liebe, zur Not nach käuflicher. Große Nachfrage, kleines Angebot. Die meisten Callgirls wurden häuslich und rührselig, besuchten ihre unehelichen Kinder und kümmerten sich nicht um die Not ihrer einsamen Freier. Hier hatte Lametta im richtigen Augenblick ihre einmalige Chance gewittert. »Lametta Lasziv – der gute Ruf« hatte sie inseriert. Seitdem konnte sie sich vor Aufträgen nicht mehr retten.

Während Lametta ihren dunkelgrauen Golf durch die mit Autos verstopfte Frankfurter Innenstadt steuerte, freute sie sich auf den brüllenden Literaturkritiker. Die Session würde wie immer unterhaltsam werden ... Da piepte ihr neues, türkisgrünes transportables Telefon. Wenn das alberne Gerät, das sie sich erst vor wenigen Wochen zugelegt hatte, sinnvoll war, dann in ihrem Beruf. Es war leider nicht Ferdinand, es war der Literaturkritiker, der jetzt nicht sein vitales Gebrüll ertönen ließ, sondern leise ächzte. Seine Frau war nicht zu bewegen, das Haus zu verlassen und eine Freundin zu besuchen. Er würde Lametta also in einem Hotel treffen müssen. Er nannte eine feudale Adresse. Lametta war verärgert. «Scheiße, bei dem Verkehr«, schimpfte sie, »hätten Sie das nicht früher klären können?«

»Ich bin auch ganz lieb zu dir«, flötete der Literaturkritiker.

»Sie sollen mich siezen«, sagte Lametta, nutzte eine Lücke in der Gegenspur und wendete gegen alle Regeln. Die anderen Autos hupten wütend. Ein Polizist pfiff und fuchtelte und forderte sie auf, an den Rand zu fahren. Sie kurbelte das Fenster herunter und rief ihm zu: »Ich bin Drogenberaterin. Ein Junkie ist am Abnibbeln!« Der Polizist grüßte.

An der Hotelrezeption sagte Lametta, was sie mit dem Literaturkritiker ausgemacht hatte. »Ich bin mit Thomas Mann verabredet.« Der Herr an der Rezeption verzog keine Miene. Entweder war das Personal vollkommen diskret oder vollkommen verblödet. »Herr Mann erwartet Sie auf Zimmer 1022«, sagte er, »gleich im ersten Stock links«, und Lametta überlegte sich, wie der schöne dunkle Typ reagieren würde, wenn sie sich vorbeugte, ihn küßte, ihm die Zunge in den Mund schöbe, mit einem Arm über den Tresen faßte und ihren Erektionsprüfgriff anwendete.

Der Literaturkritiker sah nur kurz von der Zeitung auf, als sie, ohne zu klopfen, das 950-Mark-Zimmer betrat. Lametta, die vor kurzem das Abitur nachgemacht hatte und nun mit Literatur ein bißchen Bescheid wußte, sagte: »Ich dachte immer, Thomas Mann bestellt sich einen Knaben aufs Zimmer. Wie ist der Sinneswandel zu verstehen?«

»Moment noch«, sagte der Literaturkritiker, vertiefte sich in die kiloschwere Weihnachtsliteraturbeilage einer großen Zeitung, schüttelte den Kopf, nahm die kiloschwere Weihnachtsliteraturbeilage einer anderen großen Zeitung zur Hand und verglich hin und her. »Unglaublich!« sagte er.

Lametta räusperte sich. »Die Zeit läuft«, sagte sie. Das war dem Literaturkritiker egal. Ehe er sich Lametta und der reinen Lust widmete, mußte er erst kontrollieren, ob seine Kritiken und Weihnachtsgeschenkbuchtips von den Redaktionen gekürzt oder entstellt worden waren und wie die anderen Kritiker die Bücher beurteilten, die er empfohlen oder verworfen hatte; ob sie ihn imitierten, hofierten, plagiierten, parodierten oder ob sie es riskierten, ihm zu widersprechen. Ferner mußte nachgeprüft werden, ob die Verlage seine Donnerworte in ihren Anzeigen gebührend, und leider nicht gebührenpflichtig, zitierten. Zu Hause konnte er diese Kontrolle nicht durchführen. Jedenfalls nicht in Gegenwart seiner Frau. Sie machte sich lustig über seine Eitelkeit, und das ertrug er nicht. »Erst die Arbeit, dann die Liebe«, sagte er nur. Nach etwa fünf Minuten warf er die Zeitungen zufrieden beiseite. Er war in den großen Literaturbeilagen öfter und mit mehr Respekt erwähnt worden als jeder Autor. Gegenüber dem Vorjahr eine Erwähnungszunahme von fast zwanzig Prozent. Sein Stern war im Steigen. »Jetzt bin ich für dich da«, sagte er zu Lametta.

Sie korrigierte ihn ungeduldig. »Merken Sie sich endlich: Wir duzen uns nicht! Wenn Sie mich duzen wollen, zahlen Sie das Doppelte. Außerdem bin ich ja wohl eher für Sie da.«

»Grausames Kind«, sagte er und seufzte. Dann öffnete er eine altmodische Aktentasche. »Ziehen Sie sich jetzt bitte aus«, sagte er, während er in einem Haufen von Papieren herumsuchte. Lametta trug ein schwarzes Samtkleid. Sehr kurz, hochgeschlossen, lange Ärmel. Ferdinand mochte es. »Mein Maulwurf«, sagte er, wenn sie es trug. Sie entschlüpfte dem Kleid blitzschnell. Der Literaturkritiker legte auf eine kunstvolle Entkleidung keinen Wert. Er suchte noch immer in seinen Papieren und achtete nicht auf sie. Dennoch mußte er aus den Augenwinkeln bemerkt haben, daß sie nicht gänzlich nackt war. »Das Höschen«, mahnte er. Lametta schob ihre schmalen, langen Finger wie Spezialinstrumente seitlich unter den winzigen Bund des Höschens, spannte es von den Hüften weg und streifte das kleine Stück Stoff ab.

»Ich beginne«, sagte der Literaturkritiker. Er räusperte sich und rückte mit seinem Stuhl etwas näher an die splitternackte Lametta heran. Sie würde dasselbe Ritual über sich ergehen lassen müssen wie im vorigen und im vorvorigen Jahr. Diesmal allerdings würde sie ihn überraschen. Er war aufgeregt, schniefte und schluckte, rutschte hin und her und sagte: »Ich bitte Sie, ich beschwöre Sie!«

»Ich weiß doch«, sagte Lametta, »strengste Vertraulichkeit. Sie können sich darauf verlassen. So wahr ich aus Frankfurt an der Oder komme.« Sie lächelte ihm aufmunternd zu. Nur sie kannte das Geheimnis: Der Literaturkritiker schrieb an einer Autobiopornographie. Eine neue, gewagte Gattung, eine brisante Unternehmung, ein literarisches Experiment. Was die deutschen Dichter nicht schafften – er würde es ihnen zeigen: wie man Liebesszenen schreibt.

»Fangen Sie doch einfach an«, sagte Lametta mit ihrer wärmsten Stimme, »ich höre.«

Der Text schilderte wieder eine angeblich wirkliche Begegnung des Literaturkritikers mit einer jungen Dichterin, mit anschließender Verführung durch den Kritiker. Wieder war von den vollen Lippen, den herrlichen Brüsten und den blanken Augen der Dichterin die Rede. Er konnte es nicht lassen. Lametta war kaum in der Lage, dem Kitsch zuzuhören, und dachte an Ferdinand. »Wie finden Sie es?« fragte der Literaturkritiker.

»Besser.« Lametta seufzte geheimnisvoll. »Viel besser als im vorigen Jahr.«

»Wirklich?« brüllte der Literaturkritiker. Die Abmachung war einfach. Seine Autobiopornographie sollte erregend sein. Nur ein erregender Text sei ein guter Text. Da war etwas dran, fand Lametta. Auch Ferdinand fand das. Nur: Was ist ein erregender Text? Der Literaturkritiker hatte die Lösung gefunden: Wirklich erregend sei ein Text dann, wenn, wie er formulierte, »eine Zuhörerin nicht anders kann als Hand an sich zu legen, um sich selbstbefriedigend Erleichterung zu verschaffen«. Erst dann war ein Text reif genug, um veröffentlicht zu werden. Er bestellte und bezahlte Lametta fürs Zuhören. Sie schien ihm unbestechlich. So wahr sie aus Frankfurt an der Oder kam. Die letzten beiden Male hatte sie nackt dagesessen, ihn wie einen Unhold angestarrt und kein Zeichen einer erotischen Anteilnahme zu erkennen gegeben. Der Literaturkritiker hatte schweren Herzens akzeptiert und weiter an der Vervollkommnung seiner Verführungsdarstellungen gearbeitet.

Diesmal aber begannen Lamettas Augen zu glänzen, sie waren fast so blank wie die Augen der jungen Dichterin, die er einst hier in diesem Hotel ohne Erfolg zu verführen versucht hatte. Aufgeregt las er weiter, wie sich die Lippen der Dichterin einladend öffneten und die reichbewimperten Augenlider sich schlossen.

»Ja!« rief Lametta heiser. Der Literaturkritiker blickte von seinem Text auf und traute seinen Augen nicht. Seine schöne nackte Zuhörerin hatte den Mund leicht geöffnet und die Augen geschlossen. Nicht nur das. Während er langsam weiterlas und immer wieder aufsah, schoben sich Lamettas hübsche lange Finger langsam und entschlossen in ihr Schamhaar, der Mittelfinger öffnete zielsicher die Lippen der Scheide und tastete sich weiter. »Weiter!« seufzte sie, weil der Literaturkritiker mit dem Lesen aufgehört hatte. »Bitte, lies weiter, es ist so gut.« – Sie hatte ihn geduzt. Sie mußte von Sinnen sein vor Lust.

Während der halbstündigen Lesung legte Lametta drei ansehnliche und waschechte Orgasmen hin. Sie hörte einfach nicht zu und dachte an Ferdinand. Sie hatte noch nie Schwierigkeiten gehabt, den berühmten Höhepunkt zu erreichen. Sie brauchte niemandem eine Ekstase vorzuspielen.

»Jetzt ist mein Buch reif!« Der Literaturkritiker hüpfte vor Freude, als die Lesung beendet war. Er tanzte wie ein Rumpelstilzchen im Hotelzimmer auf und ab und küßte Lametta die Hand. Sie war gerührt und bat, ihm noch einen Tip geben zu dürfen.

»Ja! Nur zu!«

Die Episode ließe sich womöglich noch mehr steigern, schlug Lametta vor, wenn er die Verführung nicht allein mit seinen erotischen Qualitäten begründete, sondern auch ein bißchen mit seiner Macht.

Der Literaturkritiker unterbrach seinen Rumpelstilzchentanz und musterte Lametta mißtrauisch. »Wollen Sie damit sagen, ich hätte diese Dichterin nur gewonnen, weil sie sich von mir gute Kritiken erhoffte?« fragte er.

Jetzt halfen nur Wahrheit und Angriff. Lametta, noch immer nackt, ging auf den unsicher gewordenen Mann zu, drückte ihren rechten Oberschenkel zwischen seine Beine, als wollte sie Tango mit ihm tanzen, und sagte leise: »Macht ist doch geil. Das darfst du nicht aussparen. Berechnung und ein bißchen Erpressung sind doch scharf. Wenn du schreibst, wie du deine Macht bei der Verführung ausnützt, wird es noch besser. Noch erregender.« Lametta stöhnte, wie es sich für ihren Beinamen »Lasziv« gehörte. »Dann wirst du als Rousseau des zwanzigsten Jahrhunderts in die Literaturgeschichte eingehen«, sagte sie.

Das saß. Erschlagen vor Befriedigung, wachsweich und zugänglich wie am Ende einer langen Nacht versank der Literaturkritiker im Sessel und streckte glücklich die Füße aus. Lametta setzte sich mit gespreizten Beinen auf seinen Schoß und zupfte an seinen fetten Ohrläppchen.

»Apropos Erpressung«, sagte sie, »ich bin immer für dich da, mein lieber Jean-Jacques, nicht nur zur Weihnachtszeit, aber du wirst ein für allemal auf mich verzichten müssen, du wirst nie mehr die erotisierende Wirkung deiner erstaunlichen Worte auf mein Lustzentrum erleben dürfen, wenn ...«

»Wenn was?« sagte er matt vor Angst, seine einzigartige Zuhörerin zu verlieren. »Ich mache, was du willst!«

»Wenn du noch länger die Bücher des von mir hochverehrten Ferdinand von Wien ignorierst«, sagte Lametta und zog ihn an den Ohren. Ihr Opfer war keine Vierzig und fett wie ein Schwein. Seine Augen, sonst böse, stechend, eingebildet, waren jetzt milde und hilflos. »Wer ist das?«

»Du kennst Ferdinand von Wien nicht?« schrie Lametta. Aus ihrer Zeit als Ostberliner Hotelhostess wußte sie, wie man mächtige Männer ohrfeigt, und wie das hilft. Es klatschte laut. Sie zog ihr schwarzes Samtkleid über und diktierte die Bedingungen: Der Literaturkritiker wird noch in den Weihnachtsfeiertagen Ferdinands Bücher lesen, sie so bald wie möglich in seriösen Medien angemessen würdigen und Ferdinand als lang verkannte Entdeckung preisen. Wenn Ferdinand nicht bis Ende Januar der Held des Feuilletons sei, habe der Kritiker Lametta Lasziv das letzte Mal gesehen.

Lametta ging, ohne sich umzudrehen. Den großen Weihnachtsbaum in der Hotelhalle hätte sie vor Übermut am liebsten umgestoßen. Sie hatte heute, am sogenannten Heiligen Abend, noch drei Termine. Dann würde sie zu Ferdinand fahren. Es würde nicht leicht sein, ihm nichts von ihrem Deal mit dem Literaturkritiker zu erzählen. Ihr Triumph sollte Ferdinand überraschen. Damit würde sie ihn gewinnen.

BRIGITTE BLOBEL

Die Ausstellung

Als sein Blick auf das Inserat in der Morgenzeitung fiel, war es April, ein eher trüber, verhangener Tag. Er hatte die schweren Brokatvorhänge nur ein Stück zur Seite gezogen, kurz hinausgeschaut und beschlossen, im Morgenmantel zu frühstücken. An Tagen, an denen die Sonne sich verbarg, hatte er nie Lust, sich anzukleiden und auszugehen, es sei denn, die Geschäfte zwangen ihn dazu, aber das geschah selten. Zu den anderen Annehmlichkeiten seines Berufs (auf Adrians Visitenkarte stand Finanzmakler) gehörte es, daß er Herr über die eigene Zeit war. Ein besonderes Privileg, was ihm immer dann besonders bewußt wurde, wenn er sich unter die Menschen der Großstadt mischte und in ihre hektischen, vom Alltagselend gepeinigten Gesichter schaute. Er trank seinen heißen, nicht allzu starken Kaffee, den er fast zur Hälfte mit heißer Milch vermischte, er schlürfte ihn, was den Genuß noch erhöhte und was er sich leisten konnte, da er alleine frühstückte, und zwar aus Prinzip. Selbst wenn er die Nacht mit einer Frau verbracht hatte und selbst wenn es eine außerordentlich erregende, anregende oder aufregende Nacht gewesen war, hatte er sich immer galant, aber unnachgiebig vor dem Frühstück verabschiedet.

»Anerkannte Fotografin mit eigenem Studio sucht männliches Modell für Aktfotos. Jedes Alter. Jede Hautfarbe. Tamara Jenning.« Es folgte eine Chiffrenummer.

Tamara Jenning, dachte Adrian, leicht die Stirn runzelnd, wo ist mir der Name schon einmal begegnet?

Schließlich, er hatte inzwischen zwei weitere Tassen Kaffee getrunken, fiel es ihm wieder ein: Tamara Jenning war die Fotografin eines Bildbandes, den er einmal sehr lange in Händen gehalten hatte – war es bei Freunden oder in einer Buchhandlung gewesen? Er wußte plötzlich, beinahe gestochen scharf, wie ihre Fotos gewesen waren; kühl, distanziert, mit der Kälte des analytischen Beobachters. Intelligent. Ja, das waren ihre Fotos: intelligent. Sie erzählten eine Geschichte. Sie verlangten, daß man sich mit ihnen auseinandersetzte, daß man verweilte …

Offenbar arbeitete sie an einem neuen Bildband, an einem neuen großen Wurf: der Aktfotografie. Er lächelte. Eine fabelhafte Idee, Männer zu fotografieren. Entblößte Männerkörper. Das fand er gut. Von einem männlichen Fotografen würde er sich niemals ablichten lassen, da kämen nur schwule Bilder heraus. Er wollte nicht Modell für einen schwulen Fotografen sein. Aber Tamara … Tamara Jenning … Sie machte Kunst.

Zwei Tage später, Adrian war noch im Bad, rief Tamara an. Ihre Stimme war dunkel, rauh und sehr sinnlich, wie Adrian sofort feststellte. Adrian hatte ein feines Gefühl für weibliche Stimmen. Wie er überhaupt ein feines Gefühl für alles Weibliche hatte. »Hallo«, sagte sie, »hier spricht Tamara.«

»Oh«, rief er, rasch nach einem Handtuch greifend und den Hals trocknend, »wie schön! So schnell! Ich wußte gar nicht, daß Künstler so präzise arbeiten wie andere Leute.«

Tamara ging auf diesen halben Scherz nicht ein, was er im nachhinein durchaus sympathisch fand. »Ihr Brief ist heute gekommen«, sagte sie, »ich würde Sie gerne sehen. Ich bin gerade dabei, eine Auswahl zu treffen.« Sie machte eine Pause und fügte, ein wenig müde, hinzu: »Es ist nicht einfach.«

»Oho!« rief er munter. »So viele schöne Männer?«

Tamara zögerte. »Es geht nicht um Schönheit«, sagte sie.

Adrian wurde ein bißchen rot. Er ärgerte sich. Natürlich konnte es nicht um Schönheit gehen. In der Kunst geht es ja nie um Schönheit, sondern um Wahrhaftigkeit. »Vielleicht sind Sie ja auch von mir enttäuscht«, meinte er, »denn ich sehe ziemlich gut aus, wie meine Freunde mir laufend einreden wollen.«

Tamara reagierte auch darauf nicht. »Wann könnten Sie kommen?« fragte sie.

»Wann immer Sie wollen. Ich bin in der glücklichen Lage, über meine Zeit zu verfügen.«

»Zwölf Uhr, wäre das recht? Mein Studio ist in Eppendorf. Isestraße.«

»Sehr bequem! Mein Gott, wie bequem!« rief Adrian.

Er fragte sich, warum er sich bei dieser Frau anbot wie ein Strichjunge. Er verstand sich selber nicht. Aber es erregte ihn. Die Aussicht, sich einer Frau nackt zu zeigen, einer Frau, die seinen Körper nur ansehen und fotografieren, ihn posieren und irgendwie zu einem Denkmal aufbauen wollte, elektrisierte ihn. »Ich wohne ganz in der Nähe! Winterhude! Ein Katzensprung, nicht wahr!«

Seine Liebenswürdigkeit prallte aber an ihr ab. Es war ihm, als klänge ihre Stimme immer spröder, je weicher und schmeichelnder die seine wurde.

»Ich kann nicht viel zahlen«, sagte sie schließlich. »Es ist ein Experiment. Ich habe keine Auftraggeber für diese Arbeiten. Auch keinen Verlag. Ich experimentiere noch herum.«

»Wer spricht denn von Geld? Ich dachte, wir sprechen von Kunst! Bitte, verehrte Tamara, machen Sie sich darüber keine Gedanken. Ich verdiene genug, um mir dieses kleine Hobby leisten zu können.«

Es entstand eine Pause. Verwirrt fragte Tamara: »Tun Sie das öfter?«

»Was?«

»Als Aktmodell posieren? Ich wollte nicht mit Professionellen arbeiten, wissen Sie, ich wollte Anfänger, das heißt Laien, einfache Männer, irgendwelche Männer …«

»Das bin ich. Genau das bin ich! Irgendein Mann. Warten Sie ab, um zwölf Uhr bin ich bei Ihnen!« Er legte auf, bevor Tamara es sich anders überlegen konnte.

Als Tamara die Tür öffnete, gefror das vorbereitete Begrüßungslächeln auf ihrem Gesicht. Wie angewurzelt stand sie da in der halbgeöffneten Tür und schaute ihn an. Nicht verstohlen, nein, ganz offen, geradezu schamlos, obschon das Wort nicht paßte, denn er war ja noch bekleidet. Er trug einen hellen Leinenanzug, ein in Erdtönen fein abgestimmtes Seidenhemd, der obere Kragenknopf geöffnet, dennoch, weil er sie immer trug, eine Krawatte.

Seine Schuhe waren handgenäht, von einem ungarischen Schuhmacher, der seinen Laden in Paris hatte. Sein Lächeln war gewinnend, das wußte er. Er stützte sich im Türrahmen ab, winkelte das rechte Bein an, legte den Kopf ein wenig zur Seite und fragte herausfordernd: »Etwas nicht in Ordnung?« Denn er wußte, daß alles in Ordnung war.

Tamara nickte, sie fuhr sich mit fahrigen Händen, die vorher irgend etwas mit Blaupausen bewerkstelligt haben mußten, durch die wirre, lange, unordentliche Mähne, dann über die Wangen, die Lippen wurden dabei schräg nach unten gezogen, doch das störte sie nicht. Sie war ungeschminkt, ein bißchen zu blaß für den grauen Overall, den sie trug; er hätte ihr, wäre er ihr Modeberater, zu einer ganz anderen Farbe geraten. Sie nickte und trat einen Schritt zurück, lächelte ein kleine Entschuldigung und ließ ihn hinein. Er trat ein, wie er immer und überall eingetreten war: selbstsicher, neugierig, bereit, alles schön zu finden.

»Aha«, sagte er händereibend, »das Studio einer Künstlerin. Die Werkstatt.«

An den Wänden hingen Fotografien, auf denen er nichts erkennen konnte außer verschiedenen Schattierungen von Grau, die irgendwie verwischt wirkten, aber das war sicher Absicht, er äußerte sich besser nicht.

»Rechts«, wies Tamara ihm den Weg.

Er hielt sich rechts. Tamara folgte ihm. Er fühlte ihren bohrenden Blick im Rücken, er ging lässig, die Hände in den Taschen der weiten Leinenhose; jemand, und zwar eine Frau, die ihn heftig begehrt hatte, hatte einmal gesagt: »Du hast den Gang eines Sambatänzers. Und diesen niedlichen kleinen Hintern.« Daran dachte er in diesem Augenblick. Im Studio blendete das Licht, Scheinwerfer an der Decke, an den Seiten, auf Schienen angebracht, überall Scheinwerfer, Rollen, schwarzes Tuch auf dem Boden. Stative, Kameras. Ein Tisch mit einer Metallplatte.

»Am besten fangen wir gleich an«, sagte Tamara, »wir müssen erst Beleuchtungsprobe machen. Jede Haut hat einen anderen Reflex, ich habe eine sehr genaue Vorstellung von dem Bild.«

Adrian nickte. »Von einer Künstlerin erwartet man das auch!« Er breitete die Arme aus. »Was soll ich tun?«

»Ziehen Sie sich aus«, sagte Tamara, während sie sich schon mit der Kamera beschäftigte, »irgendwo. Legen Sie Ihre Sachen irgendwohin. Es spielt keine Rolle. Das einzige, was aufs Bild kommt, wird dieser Tisch sein.« Sie drehte das Stativ herum und bückte sich, um durch den Sucher zu suchen.

»Der Tisch?« fragte Adrian.

Tamara gab keine Antwort. Sie war beschäftigt.

Also zog Adrian sich aus. Er tat das hinter ihrem Rücken, er tat es schnell, obwohl es ihm leid tat. Er hatte sich auf einen Striptease vorbereitet, ein Strip hätte ihn angetörnt, die Blicke, mit denen Tamara jedem Kleidungsstück hinterhergeschaut, jeden Zentimeter seines prächtigen Körpers entdeckt hätte. Ihre Pupillen wären groß geworden vor Staunen. Damit hatte er gerechnet. Seine Unterwäsche war von Gautier, kühn und weiß. Vergeudete Mühe … aber nun gut. Er fragte sich, ob es richtig war, sich auf so ein Abenteuer einzulassen. »Da bin ich«, sagte er, und Tamara drehte sich um.

Adrian war nackt. Er stützte sich auf die Sessellehne, wieder Spielbein, Standbein, er warf den Kopf zurück, fuhr sich durch die Haare, zog den Bauch ein, pumpte den Brustkorb auf und fragte: »Und jetzt?«

Tamara schwieg eine Weile. Sie ging um ihn herum. Nahm seine Hand von der Sofalehne und führte ihn wie einen Tanzbären durchs Studio. Er fand das nicht unangenehm. Ihre Augen waren auf ihn geheftet, sie konzentrierte sich jetzt endlich auf ihn. Das tat ihm gut, das genoß er.

»In Ordnung?« fragte er amüsiert.

Tamara strich mit leichter Hand über seine Hüften. »Ich denke schon.« Sie drehte ihn ein wenig näher zu sich heran und legte ihre Hand auf seinen flachen, festen Bauch. Er hielt die Luft an, aber die Hand glitt nicht – zufällig oder absichtlich – etwas tiefer. Abrupt ließ sie ihn stehen, deutete auf eine Tür, die ihm bislang nicht aufgefallen war, weil sie hinter einem schwarzen Vorhang verborgen war, und sagte: »Da hängt ein Morgenmantel, damit Sie nicht frieren. Männer, die frieren, sehen meist enttäuschend aus.«

»Ich nicht«, sagte er lachend, »oder glauben Sie, ich hätte mich sonst für Fotos gemeldet? Ich habe mir schon gedacht, daß Sie keine Männer mit einem Primanerschwänzchen suchen.« Sie gab darauf keine Antwort, sondern entfernte sich.

»Bin gleich zurück«, murmelte sie.

Er schlenderte, nackt, aber unbekümmert, zur Tür. Es störte oder genierte ihn keineswegs, daß er vollkommen entblößt in einer fremden Wohnung herumspazierte, er hatte das in seinem Leben oft genug getan. Er gehörte zu den Männern, die sehr ungern eine Frau mit in die eigene Wohnung nehmen. Er fand es aufregend, in die Intimität eines anderen Menschen einzutauchen, sein Bad zu sehen, das Bett, den Kopfkissenbezug, die Handtücher, die die Frau, die er für einen Augenblick begehrte, in ihrem Bad aufbewahrte. Er schaute gern in die Wäscheschränke der Frauen, wühlte gern in seidener Wäsche und konnte sich beim Anblick sauber gestapelter Sportunterwäsche durchaus erregen. Dann fühlte er sich wie ein Außerirdischer, der für ein paar Stunden in den Kokon des fremden Wesens eindrang, die Zellhaut durchbohrte, um in das Innerste, Geheiligte zu gelangen. Er liebte warme, schwulstige Wohnungen mit Brokatdecken und meterlangen Fransen, die vom Tisch herunterflossen, er liebte Elefantensammlungen auf Fensterbänken und Bastkörbe, die überquollen mit modischem Klimperschmuck. Er liebte eigentlich alles, was Frauen gefiel. Deshalb war es immer so einfach gewesen, deshalb hatte er sich auch immer mit schlafwandlerischer Sicherheit in fremden Wohnungen bewegt, hatte einer Rothaarigen mit einem riesigen Naturschwamm den sommersprossigen Rücken gewaschen, hatte mit einer Blonden unter dem scharfen Strahl der Dusche kopuliert, hatte die Brüste einer Frau geküßt, die sie vorher mit seinem Sperma eingerieben hatte, während sie ihm schwor, sich nicht zu waschen, bis er sie das nächstemal besuchte, er hatte auf einem kleinen, von Bohnenranken eingewachsenen Balkon eine Frau von hinten geliebt, während auf dem Nachbarbalkon ein Hund bellte, er hatte auf dem Küchenboden, in der Wäschekammer, auf Satinwäsche und in karierten Federbetten geliebt, und er wollte kein einziges dieser Erlebnisse missen. Es tat ihm um keine Träne leid, um keinen vergeudeten Lusttropfen; eine Frau hatte ihm mit einer Schere ein kleines Herz in seine Schamhaare geschnitten, eine andere hatte eine rote Taftschleife um seinen Schwanz gebunden, der immer noch, nachdem sie fünf- oder sechsmal miteinander geschlafen hatten, riesig emporragte, eine hatte gewollt, daß ihr Siamkater zuschaute, die andere hatte das Foto des Vaters, das auf dem Nachttisch stand, vorher umgedreht. Er hatte alles genossen.

Adrian öffnete die Tür und tastete blind nach dem Lichtschalter. Er sog scharf die Luft durch die Zähne ein. Seine Augen weiteten sich. Dieser Raum war kein Zimmer, sondern ein Tempel. Eine Art Altar. Die Wände mit Temperamalerei geschmückt, korinthische Säulen, dahinter eine bukolische Landschaftsidylle mit Schäferinnen und Weiden, biegsamen Bäumen und einem Meer, das man in der Ferne ahnen konnte.

Rechts und links vom Altar zwei wirkliche Marmorsäulen, der Altar aus Marmor, darauf roter fließender Samt, rechts und links zwei klobige Kandelaber. Ein Buch, groß, aufgeschlagen, in kyrillischer Schrift. Ein Weihrauchfäßchen.

Rechts neben der Tür, an einem Haken, hing der angekündigte Morgenmantel, es war eine Art Toga aus einfacher Baumwolle, weiß, die man mit einer Kordel in der Taille zusammenhalten konnte. Er zog sie an, beinahe automatisch, und trat an den Altar. Der Samt fühlte sich weich an, war fleckenlos. Die Schrift des Buches war kunstvoll, er konnte nicht ein einziges Wort entziffern. Es roch nach Sandelholz. Er liebte den Geruch von Sandelholz. Das Zimmer hatte keine Fenster. Das Licht kam aus schwach flackernden Kerzenbirnen, die in einer silbernen Fackel steckten. Tamara räusperte sich. Sie stand plötzlich hinter ihm.

»Ich dachte«, sagte sie im geschäftsmäßigen Ton, »wir machen beides, den Metalltisch und den Altar.«

Er drehte sich um. »Aber was … ich meine … was für Fotos stellen Sie sich vor?«

Tamara ging an ihm vorbei, schob das Buch und das Weihrauchfäßchen etwas zur Seite und sagte: »Die Opferung.«

Er lächelte verwirrt. »Die Opferung«, wiederholte er.

»Ja, genau. Die Opferung. Ein wunderbares Motiv. Das Lamm Gottes, das geschlachtet wird, um die Vergebung der Sünden zu erflehen, das Ende der Sintflut, das Ende der Dürre, was auch immer. Um die Rückkehr des Geliebten herbeizuwünschen oder die Genesung eines kranken Familienmitglieds.« Sie drehte sich zu ihm um. Sie lächelte. »Sie können sich irgend etwas ausdenken. Etwas, das zu Ihrer Situation paßt.«

Er holte tief Luft, breitete die Arme aus und sagte lächelnd: »Sie sind die Künstlerin. Sie führen Regie. Ich bin nur der Statist. Befehlen Sie, und ich gehorche.«

Sie nickte. »Ich dachte, Sie legen sich auf den Altar, den Kopf herunterhängend und auf der anderen Seite die Beine.« Sie schaute ihn an. »Sie sind größer, als ich annahm. Ich hoffe, daß der Tisch trotzdem ungefähr paßt.«

»Soll ich diesen Umhang wieder ablegen?« fragte Adrian. Seine Stimme hatte einen belustigten, leicht amüsierten Klang.

Tamara strafte ihn mit einem strengen Blick. »Natürlich, Opfer sind immer nackt.«

Er nickte, er war ihr Sklave, ihr Diener. Er ging forsch auf den Altar zu, legte sich auf den Rücken, in der Tat war der Tisch zu kurz, der Kopf fiel hinunter, die Beine waren von den Kniekehlen an abgewinkelt. Es war eine äußerst unbequeme Lage. Aber er fügte sich. Er wollte ja dieses Foto, irgendein Foto. Er wollte ja unsterblich sein für die Nachwelt, jedenfalls für die an Fotografie und Kunst interessierte Nachwelt.

Tamara schob das Kamerastativ herüber. Stellte die Lampen richtig ein. »Sie können sich aufstützen«, sagte sie gönnerhaft. »Sonst schießt Ihnen das Blut in den Kopf. Aber es soll ja anderswohin schießen.«

Er lachte rauh. Er fühlte sich unbehaglich, während er zuschaute, wie sie das Licht einrichtete.

»Okay«, sagte sie schließlich, »fertig.« Sie schaute durch das Objektiv. »Lassen Sie den Kopf wieder fallen. Die Hände auch.« Er hatte die Hände auf sein Geschlecht gelegt. Er ließ los.

»Oh«, sagte sie enttäuscht. »Was ist passiert?«

Sein Schwanz war zusammengesackt, hatte sich gekrümmt und nach innen eingestülpt. Vor Entsetzen, dachte Adrian, aber er sagte erst nichts, sondern massierte heftig daran herum.

»Kommt gleich«, sagte er beruhigend, »kommt gleich wieder.«

Tamara stand hinter ihrer Kamera, beobachtete alles durch die Linse. Sie sagte nichts. Adrian schloß die Augen und bearbeitete mit steigender Heftigkeit sein Glied. Er nahm die Hoden in die Hand, wärmte sie, ließ sie wie zwei Billardkugeln hin und her rutschen, zupfte an den Locken der Schamhaare, rieb mit den Fingerknöcheln über die Haut, die vom Bauch zum Geschlecht eine dünne dunkelrote, haarfeine Linie zeigte. Tamara machte ein paar Fotos, es machte klick, klick, klick, klick.

Er schüttelte den Kopf, richtete sich auf, atmete tief durch. »Tut mir leid«, sagte er, »aber diese Position ... ich weiß nicht ... sonst ist er immer groß und steif. Wenn ich es will, ein Befehl aus dem Gehirn, und schon wächst er. Wahnsinnig. Er wächst immer sofort, wird ganz steif.«

Tamara wechselte das Objektiv. Sie schraubte ein anderes davor, mit einem anderen Filter, wie er bemerkte. »Was machen wir jetzt?« fragte sie.

Er lächelte. Kokett. Oder charmant. Jedenfalls mit dieser Liebenswürdigkeit, die Frauen immer betörte. »Sie könnten ein bißchen helfen«, sagte er, »daß ich mich sicher fühle.«

»Und was muß ich da tun?«

Er lachte. »Aber das wissen Sie doch, Tamara! Tun Sie nicht unschuldiger, als Sie sind.«

Tamara verließ die Kamera und kam zu ihm. Sie kniete vor ihm, der mit gespreizten Beinen auf dem Altar saß. »Er sieht auch so schön aus«, sagte sie, seinen Schwanz konzentriert beobachtend, »aber ich denke, Sie haben recht. Wir brauchen ihn groß.«

»Ja«, sagte er, »das denke ich auch. Das hilft übrigens schon.«

»Was?« fragte Tamara, zu ihm aufschauend.

»Wenn Sie sich mit ihm beschäftigen. Er liebt es, im Mittelpunkt des Interesses zu stehen. Er liebt es, wenn man sich um ihn kümmert.«

»Wer liebt das nicht?« fragte Tamara. Sie fuhr mit dem Fingerknöchel über den schlaffen Schwanz. Er zuckte, fiel aber wieder in sich zusammen.

»Ich könnte es mit ein paar Nahaufnahmen versuchen«, sagte Tamara. »Das hilft manchmal bei Frauen, die ein bißchen verkrampft sind.«

Sie schleppte die Kamera näher heran. Sie zog das Teleobjektiv heraus, so daß es nur wenige Zentimeter von seinem Geschlecht entfernt war. Stellte genau, sorgfältig die Entfernung ein. »Sieht aus wie ein Krater«, sagte sie, »auf dem Mars.«

»Dann schon lieber auf der Venus«, scherzte er mit einem verlegenen Lachen. »Vielleicht ist das doch keine so gute Idee.«

»O doch, doch. Warten Sie.« Sie kam um die Kamera herum, legte ihre Hände auf die Innenseiten seiner Schenkel und drückte sie sanft auseinander. »Ein bißchen mehr gespreizt. Ich möchte, daß die beiden Hoden schön zur Geltung kommen. Vielleicht nehmen Sie sie in die Hand.«

Er gehorchte. Sie sagte ihm, er solle das Glied nach oben an den Bauch drücken, er gehorchte. Nach rechts, er gehorchte, nach links. Manchmal kam sie und legte selbst Hand an. Ihre Hände, die zuerst sehr kühl gewesen waren, hatten plötzlich eine andere Körperwärme. Sie wurden immer angenehmer. Sie berührten die richtigen Stellen und in der richtigen Intensität. Seinem Schwanz gefiel das. Er wurde immer größer.

Tamara holte eine große Puderquaste und eine Puderdose aus schwarzem Onyx. »Ich pudere ihn ein bißchen ab«, sagte sie, »er glänzt so.«

»Aber nicht die Eichel«, warnte er.

»Nein, nein, ich weiß schon. Keine Angst.«

Die federleichte Quaste pusselte an ihm herum, seine Schamhaare wurden heller. Die Eichel glänzte groß und feucht und rosig. Tamara ging wieder hinter die Kamera. »Schon besser«, sagte sie zufrieden. Sie holte einen Topf mit Glyzerin und rieb ganz vorsichtig um den Rand der Haut. »Das muß glänzen wie weiche Frauenlippen«, sagte sie. »Wir könnten es etwas rot schminken, aber ich weiß nicht …«

»Lieber nicht«, sagte er. Er mußte die Luft anhalten, während sie mit sehr kundigen, warmen Fingern seine Haut eincremte, sie zurückschob, salbte, wieder nach vorn holte.

»Ich möchte auch etwas Haargel an die Spitzen der Schamhaare tun«, sagte sie. »Nur hier und da ein bißchen, das gibt mehr Leben, mehr Lichtreflex.«

Sie holte Kamm und Bürste. Bürstete die Schamhaare – sie waren lang und dicht und lockig – und fuhr dann mit einem groben Kamm durch sie hindurch. Er spürte das leichte Kratzen der Kammzähne auf der Haut. Sie zupfte dann eine Strähne heraus, toupierte sie leicht, drehte sie um den Finger und rieb die Spitzen mit Haargel ein. »Waren Sie früher Friseuse?« fragte er, heftig schluckend. »Das habe ich noch nie erlebt. In welchem Salon wird man so behandelt?«

»Nur in diesem«, sagte Tamara lächelnd. Sie hatte ihren ernsten Gesichtsausdruck abgelegt. Sie war weicher geworden, sanfter und katzenhafter in ihren Bewegungen. Wenn sie seinen Schwanz berührte, schaute sie manchmal mit einem Augenaufschlag zu ihm hin. Einmal nahm sie seine Hand und legte sie um den Schwanz. »Fühlen Sie, ob es pocht?« sagte sie. »Es muß pochen, dann ist es gut.«

»Es pocht doch schon die ganze Zeit«, stieß Adrian hervor. »Was soll ich da noch fühlen?«

»Tun Sie es trotzdem.«

Er hatte seinen Schwanz oft genug in der Hand gehabt. Er wußte, wie er sich anfühlte, wenn er schlaff war oder wenn er heiß und groß war. Aber nie hatte es ihn so erregt wie jetzt, da sein eigener Schwanz auf seine Fototauglichkeit geprüft wurde.

»Ziemlich groß«, sagte er, »ziemlich steif.«

Sie nickte. »Ich bin auch ganz zufrieden.« Sie verkroch sich wieder hinter ihrer Kamera, und ihm wurde etwas kälter. »Nun legen Sie sich hin, wie vorhin. Kopf nach unten und Arme und Beine hängen lassen«, befahl sie.

Er gehorchte. Er fühlte sich jetzt weniger verkrampft. Die Lage war insgesamt nicht so unangenehm, wie er befürchtet hatte. Er machte ein Hohlkreuz, ganz automatisch, und schob das Becken vor. Der Schwanz stand wie ein Pfahl.

»Gut«, sagte Tamara, »gut.«

Sie drückte auf den Auslöser. Klick, klick, klick. Immer wieder. Er schloß die Augen. »Gut«, sagte sie. »Schuß, und jetzt der Lusttropfen.«

»Was?« keuchte er.

»Der Lusttropfen. Das ist das Opfer, das Sie bringen.«

»Aber das kann man nicht befehlen«, keuchte Adrian, der bereits fürchtete, daß alles wieder in sich zusammensacken würde. »Das kommt ganz plötzlich.«

Tamara kam zu ihm. Sie bückte sich und küßte seine Lippen. »Es wird schon kommen, wenn Sie nur wollen«, sagte sie.

»Sie müssen hierbleiben«, keuchte Adrian, »Sie müssen mich küssen, mich streicheln … Dann wird es gehen.«

»Aber ich bin Fotografin«, erwiderte Tamara sanft, »keine Konkubine. Keine thailändische Masseuse. Ich bin Künstlerin. Ich brauche diesen Tropfen für das Foto. Sonst ist er mir vollkommen egal.«

Adrian schloß die Augen. »Bitte«, flüsterte er, »dann geht es schneller, ich schwöre.«

»Also gut.« Tamara legte ihre Hände auf seine Brust und fuhr mit leichten, kreisenden Bewegungen hinunter zum Bauch, berührte die Achselhöhlen, die Seiten, die Brustwarzen. Adrian konzentrierte sich auf seinen Körper. Schweißperlen traten auf seine Stirn, hinter seinen Schläfen pochte es heftig. Seine Beine waren längst ohne Gefühl. Aber sein Schwanz war groß und mächtig. Tamara rieb ihre Nase an seinem Schwanz und schlug ihn dann leicht mit den Fingern hin und her. Es klatschte, wenn er gegen die Bauchhaut schlug. »Ja«, flüsterte Adrian, schweißüberströmt, »das ist gut.«

Tamara arrangierte ein bißchen die Schamhaare und brachte die Hoden in eine bequeme Stellung. »Gut so?« fragte sie. Er nickte. Sterne tanzten vor seinen Augen, blinkende, wirre, blendende Kreise. »Jetzt … gleich …«, murmelte er beschwörend, »gleich … gleich.«

Tamara flüchtete hinter die Kamera. »Ich hol ihn mir ganz nah ran!« rief sie emphatisch. »Ganz nah. Ah. Toll, ja. Wirklich. Sieht fabelhaft aus. Whow! Whow!!!«

Dieser Sehnsuchtstropfen, klein, perlend und durchsichtig, quoll plötzlich aus dem winzigen Spalt und rollte langsam, im Zeitlupentempo, damit Tamara genug Zeit hatte, ganz oft auf den Auslöser zu drücken, an der prallen Eichel herunter.

Klick. Klick. Klick.

»Tamara!« keuchte Adrian. »Bitte, können wir jetzt … kannst du … komm her … laß mich runter, ja … komm her und belohn mich …«

»Halt!« schrie Tamara voller Panik. »Nicht bewegen! Nicht bewegen!«

Sie hob das Weihrauchgefäß und zog darunter ein kleines Glasplättchen hervor, wie man es für die Arbeiten am Mikroskop benutzt. Sie preßte das Plättchen auf den Tropfen, drehte es eine Weile hin und her und hielt es dann triumphierend hoch. »Ich hab's!« rief sie. »Ich hab's! Sie können aufstehen.«

»Was ... was hast du?« Adrian mußte seinen Kopf halten, als er sich aufrichtete, das Tanzen der Kreise und Sterne verstärkte sich noch. Er schaute an sich herunter. »Was hast du? Du hast noch gar nichts. Jetzt kriegst du erst das wirklich Gute ...« Er mußte sich mit beiden Armen auf dem Altar abstützen. »Komm, zieh dich schnell aus, ja, schnell.«

Tamara lachte. »Aber warum denn? Wir sind fertig. Sie können sich anziehen.«

Adrian rutschte vom Altar und zog die Samtdecke mit sich auf den Boden. Er schwankte. Er streckte die Arme nach ihr aus. »Mädchen, das kannst du doch nicht machen ... Du kannst doch einen Kerl nicht dazu bringen, daß er ... daß er ...« Er wollte sie in die Arme nehmen, aber sie riß die Hand mit dem Glasplättchen hoch und rief: »Vorsicht! Meine Trophäe!«

Sie wich zurück, ohne seinen schönen, aufregenden, erregten Körper noch eines einzigen Blickes zu würdigen. »Zieh dich an. Das Foto mit dem Metalltisch können wir uns sparen. Du hast gut gearbeitet. Kompliment. Bei den anderen hat es meistens länger gedauert. Und bei manchen hat es überhaupt nicht geklappt.« Sie ging wieder in den anderen Raum, öffnete einen Schrank und legte das Plättchen sehr behutsam auf eines der Regale. Er war ihr gefolgt, immer noch nackt, denn er hatte die Hoffnung immer noch nicht aufgegeben.

»Was ist das?« fragte er, neben sie tretend und sie von hinten umfassend, so daß er ihre Brüste in den Händen hielt.

»Meine Galerie«, sagte sie, »die Galerie der unerfüllten Sehnsucht.« Sie drehte sich zu ihm um und nahm seine Hände weg. »Ich werde das Plättchen gleich, wenn du weg bist, beschriften und fotografieren. Wenn ich hundert zusammenhabe, mache ich eine Ausstellung. Jedes Glasplättchen auf dreißig mal dreißig Zentimeter. Alle in Reih und Glied. Die Ausstellung soll *Sehnsucht* heißen und wird im Frauenzentrum gezeigt.« Sie schlang plötzlich ihre Arme um seinen Hals. »Ich hoffe, du bist jetzt nicht wütend. Die meisten Männer sind immer so wütend geworden, wenn ich es ihnen gesagt habe. Aber ich mußte es ja erzählen, verstehst du?«

Sie geleitete ihn sanft zu dem Sofa, auf dem seine Sachen lagen. »Zieh dich an. Bitte. Ich bestell dir inzwischen ein Taxi.«

JOHANN GEORG SCHEFFNER

Die Feder der Liebe

In völliger Vertraulichkeit
Allein mit ihrem Herzensfreunde
Ließ eine Dame ganz der Lüsternheit
Den Zügel. – Nach dem Spiel, das innig sie vereinte,
Hielt sie noch mit zufriedner Hand
Den schönsten Szepter, der ein Weib noch je entzückte,
Geheimer Freuden Unterpfand,
Durch welches die Natur die Sterblichen beglückte. –
Nicht beider Welten Gold, kein Blut
Reicht hin, so einen Szepter zu erringen,
Ich würde selbst mit Löwenmut
Um ein so seltnes Kleinod ringen,
Und gäbe obendrein noch all mein Hab und Gut –
Doch wieder zu der Aventüre:
Ein andrer Herr kam ohngefähr dazu
Und sah durchs Schlüsselloch der festverschlossnen Türe
Der ganzen Szene ruhig zu.
Der Szepter wurde nun samt dem Galan entlassen,
Der Riegel leise aufgemacht,
Der fremde Herr hereingelassen,
Zu dem sogleich die Dame sagt:
»Verzeihen Sie, wenn ich Sie warten lassen,
Ich schrieb.« – »Gewiß, Sie sind sehr glücklich,
Madame«, rief jener augenblicklich,
»Daß Amor selbst zum Schreiben sie geführt,
Da Ihre Hand so schön der Liebe Feder führt.«

ROR WOLF

Die Pflege der Geselligkeit

meine herrn, um einmal auszuschweifen,
will ich die gelegenheit ergreifen,

und ich pfeife hier im speisesaal
einmal ordentlich auf die moral,

sagt die witwe zu dem netten fetten
attaché, im rauch der zigaretten.

meine damen, sagt sie, meine herrn:
heute abend kommen wir zum kern.

weil: nach einem üppigen verzehr,
da empfiehlt sich der geschlechtsverkehr,

sorgenlos beim sitzen auf den stühlen
werden wir uns ins vergnügen wühlen,

oder gar auf den gedeckten tischen,
und zwar ohne sie erst abzuwischen.

freundlich legt sie sich auf ihren bauch,
wie gesagt: im zigarettenrauch.

alle herren, die gerade saßen,
springen jubelnd auf und sie erfassen

ihre gläser: dreimal hoch, madam,
das ist ein vorzügliches programm.

der tenor ruft: bitte sehr, gnä frau,
zeigen sie uns ihren körperbau.

etwas knackt. man hört die witwe lachen.
noch ist nichts genaues auszumachen.

knipsend öffnet sie die puderdose,
und vom tisch tropft etwas bratensoße,

und es tropft auch etwas vom ragout
weich hinunter über ihr dessous,

denn den glockenrock hat sie nach oben
bis zu ihrem hals hinaufgeschoben.

dann hört man den knick von einem knie.
meine herren, worauf warten sie?

plötzlich sieht man alle herren hüpfen
und beim hüpfen aus den hosen schlüpfen.

oben unten mitte links und rechts
sieht man viele teile des geschlechts.

ach die herren aus den höchsten kreisen
wollen ihre leidenschaft beweisen

und sie gießen eine flasche henkell
trocken über ihre schönen schenkel.

liebe zeit, sie machen mich ja nass,
sagt die witwe, warum tun sie das?

rasch sind ihre worte fortgeschwommen
mittlerweile hat sie platz genommen.

hoch auf dem direktor, mit den lenden,
sitzt sie und umfaßt ihn mit den händen,

und sie hebt noch eine kleiderschicht.
meine dame, nein, es geht jetzt nicht.

sagt der lord, der den direktor stützt,
denn was nützt es, wenn es gar nichts nützt.

auch der graf ist über alle maßen
ausgelöffelt oder ausgeblasen.

rechts hat sich der dunkle gast ergossen.
links ist der minister fortgeflossen.

der bankier, am ende seiner kraft,
wird von unbekannten fortgeschafft.

schlaff am boden liegt ein aufgeknöpfter
neger nackt, ein ganz und gar erschöpfter.

nur professor doktor winternitz
ruft: madam, gleich bin ich auf dem piz!

herrschaft! ruft er, himmel! meine güte!
gott behüte, sagt sie, ich ermüde.

ist das wirklich alles schon gewesen?
fragt die witwe gähnend den chinesen,

denn mit stäbchen und mit liebesmücken
kann man mich auf keinen fall entzücken.

alles ist verschwommen und verschmiert.
aber sonst ist nicht sehr viel passiert.

*

unterdessen hat mit den komtessen
waldmann schokoladenmus gegessen,

und er hat nur einmal hingeschaut:
meine herren, bitte nicht so laut.

jetzt erhebt er sich von seinem platz,
klopft ans glas und sagt nur einen satz:

waldmann, dieser liebling aller damen,
waldmann sagt: nun gut, in gottes namen.

plötzlich platzt etwas und jeder sieht:
waldmann steht, die schwarze witwe kniet.

mitten in die witwe, tief gebückt,
hat hans waldmann sich hineingedrückt.

und sie zuckt und schäumt und rauscht und haucht
faucht und schwimmt in ihre lust getaucht

keuchend feucht in ihrem trieb und drang
aufgestülpt in ihrem überschwang.

aus den dunklen winkeln aus dem mund
kommt ein schrei so wild und wund so rund.

weiter! schreit sie und dann schreit sie: jetzt!
danach hat sich waldmann hingesetzt.

waldmann schweigt, so wechseln hier die szenen.
seufzend sieht man sich die witwe dehnen.

waldmann ist dann unter sie geglitten
und sie ist auf ihm davon geritten.

auch, sie ritten über sieben tage.
dann war waldmann wieder herr der lage.

meine herrn, die sache ist vorbei.
waldmann schlürft sein vierminutenei.

VI

Morgengebet

Nun sind schon alle Huren müd.
Noch wach im leeren Freudenhaus
Wischt sich mit dem verschlafnen Glied
Die Ärmste ihre Augen aus.
O Vater, der du über Wolken stehst,
Dein Menschvolk sonst hoch übergehst,
Der uns in lumpige Lust verstieß,
Beschütze uns vor Syphilis.

ALBERT EHRENSTEIN

Ich schlage schamlos in die Tasten.
Die Ampel tönt. Es zwitschert das Bordell.
Die schlanken Knaben bleich vom langen Fasten
Erheben kühl sich vom kastalschen Quell.

Sie werfen ab die wolligen Gewänder,
Die Hemden kurz, die Mütter einst genäht.
Sie schweben engverschlungne Negerländer,
In denen palmengleich die Liebe steht.

Es neigen sich mit ihren schmalen Mündern
Die Huren in den unerfahrenen Schoß,
Und sie empfangen von den blassen Kindern
Lächelnd ihr gutes oder schlimmes Los.

PAUL BOLDT

Friedrichstraßendirnen

Sie liegen immer in den Nebengassen,
Wie Fischerschuten gleich und gleich getakelt,
Vom Blick befühlt und kennerisch bemakelt,
Indes sie sich wie Schwäne schwimmen lassen.

Im Strom der Menge, auf des Fischers Route.
Ein Glatzkopf äugt, ein Rotaug' spürt Tortur,
Da schießt ein Grünling vor, hängt an der Schnur
Und schnellt an Deck einer bemalten Schute,

Gespannt von Wollust wie ein Projektil!
Die reißen sich aus ihm wie Eingeweide,
Gleich groben Küchenfrauen ohne viel

Von Sentiment. Dann rüsten sie schon wieder
Den neuen Fang. Sie schnallen sich in Seide
Und steigen ernst mit ihrem Lächeln nieder.

AUGUST STRAMM

Freudenhaus

Lichte dirnen aus den Fenstern
die Seuche
spreitet an der Tür
und bietet Weiberstöhnen aus!
Frauenseelen schämen grelle Lache!
Mutterschöße gähnen Kindestod!
Ungeborenes
geistet
dünstend
durch die Räume!
Scheu
im Winkel
schamzerpört
verkriecht sich
das Geschlecht!

MAX DAUTHENDEY

Die Leiern der Wollust

In kleinen Cafés, hinter farbigen Scheiben, ist ein Treiben von
 Kastagnetten und Tamburinengeklingel
Und vom Getingel der Silber- und Glasperlenketten an fetten,
 üppigen Frauen,
Die sich aufgestellt, wie fleischige Pflanzen, die sich im Blauen
 aufbauen
Und sorglos und ohne Gedanken für die vier Winde tanzen.
Von ihren Gesichtern fiel Schleier und Binde, und doch sind sie
 nur wie lächelnde Blinde
Und stehen da zur irdischen Feier fürs Blut und sind der Wollust
 Leier
Und tun den Fingern der Männer gut, die, ohne nach Herzen
 zu fragen,
Versteckt wie die Wilddiebe, lüstern und schonungslos jagen.
Wie den Hengsten die Nüstern zittern, wenn sie die Stuten
 wittern,
So drängen sich unter Flüstern, zwischen roten düstern Feuern,
 zwischen Häuserschatten und Mond,
Die Männer in Massen hin in den Gassen und zwischen Gemäuern.
Es ist ein Kichern und Fassen, und gelassen in den Fensterbogen
 wogen die Busen der Frauen,
Und auf den Treppen, an jedem Haus, sitzt, in hellen Kleidern,
 Schar bei Schar,
Sieht unverlegen und klar hinaus und hält geöffnet zur Wollust
 Busen und Haar.

BERTOLT BRECHT

Sauna und Beischlaf

Am besten fickt man erst und badet dann.
Du wartest, bis sie sich zum Eimer bückt
Besiehst den nackten Hintern, leicht entzückt
Und langst sie, durch die Schenkel, spielend an.

Du hältst sie in der Stellung, jedoch später
Sei's ihr erlaubt, sich auf den Schwanz zu setzen
Wünscht sie, die Fotze aufwärts sich zu netzen.
Dann freilich, nach der Sitte unsrer Väter
Dient *sie* beim Bad. Sie macht die Ziegel zischen
Im schnellen Guß (das Wasser hat zu kochen)
Und peitscht dich rot mit zarten Birkenreisern
Und so, allmählich, in dem immer heißern
Balsamischen Dampf läßt du dich ganz erfrischen
Und schwitzt dir das Geficke aus den Knochen.

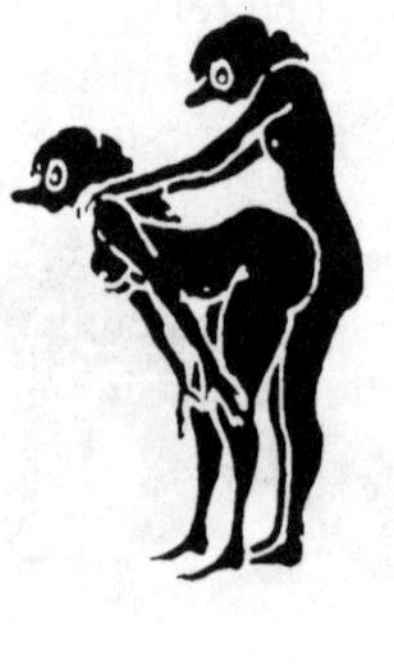

ERICH KÄSTNER

Eine Animierdame stößt Bescheid

Ich sitze nachts auf hohen Hockern,
berufen, Herrn im Silberhaar
moralisch etwas aufzulockern.
Ich bin der Knotenpunkt der Bar.

Sobald die Onkels Schnaps bestellen,
rutsch ich daneben, lad mich ein
und sage nur: »Ich heiße Ellen.
Laßt dicke Männer um mich sein!«

Man darf mich haargenau betrachten.
Mein Oberteil ist schlecht verhüllt.
Ich habe nur darauf zu achten,
daß man die Gläser wieder füllt.

Wer über zwanzig Mark verzehrt,
der darf mir in die Seiten greifen
und (falls er solcherlei begehrt)
mich in die bess're Hälfte kneifen.

Selbst wenn mich einer Hure riefe,
obwohl ich etwas Beßres bin,
das ist hier alles inklusive
und in den Whiskys schon mit drin.

So sauf ich Schnaps im Kreis der Greise
und nenne dicke Bäuche Du
und höre, gegen kleine Preise,
der wachsenden Verkalkung zu.

Und manchmal fahr ich dann mit einem
der Jubelgreise ins Hotel.
Vergnügen macht es zwar mit keinem.
Es lohnt sich aber finanziell.

Falls freilich einer glauben wollte,
mir könne Geld im Bett genügen,
also: Wenn ich die Wahrheit sagen sollte,
müßt ich lügen!

I

Nimm sie langsam, wenn die Titten
fest aus ihrer Bluse stehn,
dir zur Brust, fahr mit ihr Schlitten,
laß ihr Lochhaar kräftig wehn.

Fahr ihr durch die schöne Wolle,
die schon naß vor Freude ist,
zeig's ihr, wenn die Liebesknolle
zwanzig Zentimeter mißt.

Schick ihr deinen langen Bengel
durch die offne Fotzentür.
Mach, daß sie den roten Stengel
heftig auch von hinten spür'.

Laß das Spargelwasser laufen,
wenn sie dir am Prügel lutscht.
Ihre Knospen kannst du taufen,
ist der Laban ausgerutscht.

Aber vor dem großen Knaller
reite sie dir tüchtig ein,
bürst' die Möse mit Geballer,
hoble ihr das Dingsda fein.

Gib ihr stehend das Vergnügen,
putze ihr das Ärschchen blank,
stoße nach mit vollen Zügen,
mach sie nach dem Pinscher krank,

den sie durch die Hose streichelt,
der ihr in die Hand gespuckt,
hochgewachsen, hart geeichelt,
eh er untern Rock geguckt.

II

Blas ihr unter ihre Schürze
eine schnelle Melodie.
Jeder Knüppel steckt in Kürze
in der richtigen Partie.

Vorher prüfe ihre Dattel,
mach sie mit dem Finger reif.
Auch im weichsten Damensattel
halt dein heißes Eisen steif.

Leg sie dir auf deinen Pimmel,
laß ihn in ihr Kleinfleisch ein.
Jeder Besen ist im Himmel,
fegt er ihr die Wäsche rein.

Bring den Schraubstock zwischen ihren
beiden Schenkeln hoch hinauf.
Wenn du sie auf allen Vieren
vor dir hast: drück ihr den Knauf

mit Gefühl durch ihre Backen
in den feinen Hinterhof.
Wenn die Bodendielen knacken,
bleib auf beiden Ohren doof.

Hast du ihr das Feld beackert
und den Stecken oft gepflanzt,
daß sie immer wilder gackert,
wenn du ihr ins Fell gestanzt

deines Buben stramme Stärke,
die ihr Haut und Haar durchnäßt,
geh getrost an neue Werke,
die sie dich verrichten läßt.

KURT TUCHOLSKY

Mißachtung der Liebe

Ach, Tante Julla, du in Neu-Ruppin
liest schaudernd von Berliner Scheußlichkeiten,
und wie die Damen ihre Glieder spreiten,
und denkst: Dies Sündenbabylon Berlin!
    Und deine Äuglein öffnen sich in Lüsten,
    weil deine Kaffeeschwestern gerne wüßten
    von einem Paar, gelagert Bein an Bein …
        Wie mag das sein?

Ach, Tante Julla – komm mal an die Spree.
Und sieh dir dieses Wogen aus der Nähe,
ganz aus der Nähe an, wie ich es sehe.
Und denk dir nur ein Chambre séparée.
    Sie quietscht. Der Kellner schummelt. Dünne Geigen
    verleiten sie, sich ziemlich ganz zu zeigen.
    Ein Mieder noch und noch ein Brüstchenlein …
        Was kann da sein –?

Ach, Tante Julla – wir sind nicht blasiert.
Und doch: wie eng ist dieser Markt der Liebe!
Der liebt die Knaben, jener schätzt die Hiebe,
und der ist nur von Zöpfen enchantiert.
    Die Themis bullert mit Moralgesetzen.
    Man muß Erotik nicht so überschätzen.

Bleib nur in deinen bürgerlichen Träumen,
du hast hier nämlich gar nichts zu versäumen.
Bleib, Tante Julla, in dem Stübchen klein –
    Was kann da sein –?
        Was kann da wirklich sein –?

VII

Ein wenig Einerlei schwächt auch die stärksten Triebe,
Und darum lebt mit Recht der Wechsel in der Liebe!

JOHANN MATTHIAS DREYER

FRIEDRICH SCHLEGEL

Sieben Sonette

Um meiner Mannheit Tiefgang auszuloten,
Ging ich mit nacktem Glied zu Keuschgesinnten.
Ich glaubte, diese deutlichste der Finten
Sei zwingender als Zahlen oder Zoten.

Ich trat zu Mädchen unversehns von hinten,
Sprach sanft sie an und spielte den Zeloten.
Dann fragt' ich plötzlich, wann sie denn den roten
Gewaltherrn hätten und wie lang sie minnten.

Sie sehn verdrehten Auges auf den Stecken,
Der ihnen doch galant entgegensteht.
Ich hebe Röcke, sie darauf zu stülpsen,

Zuerst wollt' würgen, schreien sie und rülpsen,
Dann fließt die Lust und alles Weh vergeht,
Bis sie zu tief gekitzelt drauf verrecken.

Du meine Hand bist mehr als alle Weiber,
Du bist stets da, wie keine Frau erprobt,
Du hast noch nie in Eifersucht getobt,
Und bist auch nie zu weit, du enger Reiber.

Ovid, mein Lehrer weiland, hat dich recht gelobt,
Denn du verbirgst in dir ja alle Leiber,
Die ich mir wünsche. Kühler Glutvertreiber,
Dir hab' ich mich für immer anverlobt.

Ich stehe stolz mit dir im Raume
Und streichle meine bläulichrote Glans;
Schon quirlt sich weiß der Saft zum Schaume.

So zieh' ich aus Erfahrung die Bilanz:
Die Zweiheit freut mich nur im Wollusttraume,
Sonst paart sich meine Faust mit meinem Schwanz.

Der rauhe Ost, der früh nach Rom mich jagte,
Wurd dort zum Zephyr hyacinthner Lüste.
Und keiner, der nur immer Mädchen küßte,
Rühm seinen Schwanz, daß er im Himmel ragte.

Auch mich erregen noch die herben Brüste
Kampan'scher Mädchen, doch wie oft verzagte
Mein Meerschaum an dem fremden Golf und klagte,
Daß ohne recht Verständnis diese Küste.

Wie anders schmiegte sich der Arsch des Knaben
Dem Schwanz in liebend rundlichem Gehaben!
Kein Weib hat so behende mit der Zunge

Die Eichel mir geleckt wie dieser Junge.
O könnt ich doch an deinem Marmorhintern,
Mein Knabe, viele Monde überwintern!

Von allen Männern, die dich je bedrohten,
Bin ich der Geilste. Sieh mich zitternd an.
Ich zerre deine Brüste Spann für Spann
Und werde sie auf deinem Rücken knoten. –

Auch deine Füße knüpfe ich daran
Und binde deine weißen kleinen Pfoten,
Und wenn den Leib du röchelnd mir geboten
Bewunderst du in mir den starken Mann.

Und wenn du schreist, dann schlitz ich deinen runden
Und weichen Leib mir auf mit kaltem Streiche.
Dann saugen sich die Lippen deiner Wunden

Um meinen Schwanz, daß ich vor Lust erbleiche.
Jedoch mein Glück, es reift nicht aus zu Stunden:
Du riechst schon sehr, mein Opfertier, nach Leiche.

Ich flehe dich um Wunden und um Male
Von deinen Händen, die mich heilig sprechen.
Du sollst das Glied, das du gesaugt, zerbrechen,
Das steif geragt in deine Kathedrale.

Schlürf aus den Quell, der einst in weißen Bächen
In deinen Kelch gespritzt beim Bacchanale.
Gieß jetzt die letzte Kraft in deine Schale,
An meinem Blute magst du dich bezechen!

Nimm scharfe Peitschen und geglühte Zwingen,
Schlag fester und zerquäle meine Hoden!
Laß tiefsten Schmerz das höchste Glück mir bringen!

Mein Stöhnen preist dich brünstiger als meine Oden,
Und wenn die letzten Schreie dich umschlingen,
Hörst du den Dank des seligen Rhapsoden.

Der Müllerknabe schiebt hinauf zur Mühle
Auf seinem Karren einen Mühlenstein,
Und in die Öffnung schob er glatt hinein
Sein steifes Glied und schaffte sich so Kühle.

Die blonde Müll'rin sieht's im Sonnenschein,
Und trotz der unerträglich dumpfen Schwüle
Läuft sie hinab, daß prüfend sie's befühle.
Sie faßt und fühlt, es ist von Fleisch und Bein.

»Na hör mein Junge«, ruft sie sehr brutal,
»Was soll die Schweinerei mit deinem Schweif?
Ist das die Prüfung, die ich dir befahl,

Ob du auch würdig wärest für mein Bett?«
Doch er zeigt nur die Inschrift um den Reif,
Und ach! sie liest gerührt: »Elisabeth.«

Ich höre fern das Plätschern deiner Wasser,
Ich fühl' mein Herz in meine Hode sinken.
Es drängt mich, wieder dein Pipi zu trinken,
Weil ich ein ruchlos raffinierter Prasser.

Man lügt, daß deine gelben Quellen stinken!
Mich macht dein Duft, wenn ich sie schlürfe, blasser.
Ich möcht' ein Kieselstein, ein ewig nasser,
In deinen Fluten selig schimmernd blinken.

So wirst du mir, Geliebte, ganz zu eigen,
Wie brünstig in des Marterbergs Ersteigen
Im Abendmahle Einer Gott verwandt.

In deiner Krypta ein verschwiegner Brand,
Laß züngeln mich in allen roten Winkeln
Und zischend sterben in topasnem Pinkeln.

RAINER MARIA RILKE

Sieben Gedichte

I

AUF einmal faßt die Rosenpflückerin
die volle Knospe seines Lebensgliedes,
und an dem Schreck des Unterschiedes
schwinden die [linden] Gärten in ihr hin

II

DU hast mir, Sommer, der du plötzlich bist,
zum jähen Baum den Samen aufgezogen.
(Innen Geräumige, fühl in dir den Bogen
der Nacht, in der er mündig ist.)
Nun hob er sich und wächst zum Firmament,
ein Spiegelbild das neben Bäumen steht.
O stürz ihn, daß er, umgedreht
in deinen Schoß, den Gegen-Himmel kennt,
in den er wirklich bäumt und wirklich ragt.
Gewagte Landschaft, wie sie Seherinnen
in Kugeln schauen. Jenes Innen
in das das Draußensein der Sterne jagt.
[Dort tagt der Tod, der draußen nächtig scheint.
Und dort sind alle, welche waren,
mit allen Künftigen vereint
und Scharen scharen sich um Scharen
wie es der Engel meint.]

III

MIT unsern Blicken schließen wir den Kreis,
daß weiß in ihm wirre Spannung schmölze.
Schon richtet dein unwissendes Geheiß
die Säule auf in meinem Schamgehölze.

Von dir gestiftet steht des Gottes Bild
am leisen Kreuzweg unter meinem Kleide;
mein ganzer Körper heißt nach ihm. Wir beide
sind wie ein Gau darin sein Zauber gilt.

Doch Hain zu sein und Himmel um die Herme
das ist an dir. Gieb nach. Damit
der freie Gott inmitten seiner Schwärme
aus der entzückt zerstörten Säule tritt.

IV

SCHWINDENDE, du kennst die Türme nicht.
Doch nun sollst du einen Turm gewahren
mit dem wunderbaren
Raum in dir. Verschließ dein Angesicht.
Aufgerichtet hast du ihn
ahnungslos mit Blick und Wink und Wendung.
Plötzlich starrt er von Vollendung,
und ich, Seliger, darf ihn beziehn.
Ach wie bin ich eng darin.
Schmeichle mir, zur Kuppel auszutreten:
um in deine weichen Nächte hin
mit dem Schwung schoßblendender Raketen
mehr Gefühl zu schleudern, als ich bin.

V

WIE hat uns der zu weite Raum verdünnt.
Plötzlich besinnen sich die Überflüsse.
Nun sickert durch das stille Sieb der Küsse
des bittren Wesens Alsem und Absynth.

Was sind wir viel, aus meinem Körper hebt
ein neuer Baum die überfüllte Krone
und ragt nach dir: denn sieh, was ist er ohne
den Sommer, der in deinem Schoße schwebt.
Bist du's bin ich's, den wir so sehr beglücken?
Wer sagt es, da wir schwinden. Vielleicht steht
im Zimmer eine Säule aus Entzücken,
die Wölbung trägt und langsamer vergeht.

VI

WEM sind wir nah? Dem Tode oder dem,
was noch nicht ist? Was wäre Lehm an Lehm,
formte der Gott nicht fühlend die Figur,
die zwischen uns erwächst. Begreife nur:
das ist mein Körper, welcher aufersteht.

Nun hilf ihm leise aus dem heißen Grabe
in jenen Himmel, den ich in dir habe:
daß kühn aus ihm das Überleben geht.
Du junger Ort der tiefen Himmelfahrt.
Du dunkle Luft voll sommerlicher Pollen.
Wenn ihre tausend Geister in dir tollen,
wird meine steife Leiche wieder zart.

VII

WIE rief ich dich. Das sind die stummen Rufe,
die in mir süß geworden sind.
Nun stoß ich in dich Stufe ein um Stufe
und heiter steigt mein Samen wie ein Kind.
Du Urgebirg der Lust: auf einmal springt
er atemlos zu deinem innern Grate.
O gieb dich hin, zu fühlen wie er nahte;
denn du wirst stürzen, wenn er oben winkt.

HARTMANN VON MOISENHAYN

Sieben Widmungsblätter

I

jägerlied

für uhland

kein' bessre lust in dieser zeit
als in die maid zu dringen
wo drossel prickt und habicht freit
will ich die maid bespringen

o säß die maid im wipfel grün
tät wie 'ne drossel pricken
dann spräng ich wie ein horn hoch hin
tät sie von unten ficken

II

der entsterzte

für eichendorff

wohlgerüstet war ich kommen
siegessteif doch wie zum schmerz
hat man mir mein' sterz genommen
wer kann sterzeln ohne sterz?

so vorm augenfick – geschlagen
stürzt ich sterzlos vor ihr hin
hatt' kein herz nun ihr zu sagen
daß ich ein entsterzter bin

III

die sticht schon

für grillparzer

mit dem gestraffeten glied kannst du wichsen und
  bumsen und orgeln
aber ersticket wie sein's auch dein gemächte die hur?

IV

die sexte stunde

für droste-hülshoff

im roten saal beim kerzenlicht
wenn alle pimmel sprühen funken
und gar vom tittenficken trunken
wenn jeder finger mösen bricht
und eicheln in gestrafftem munde
wenn gruppensex in mode kimmt –
das ist sie nicht die sexte stunde
die genitalius bestimmt

doch wenn so tag als lust versank
dann wirst du schon ein plätzchen wissen
vielleicht in deines sofas kissen
vielleicht auf deiner gartenbank:
dann wichs aus halb verstandner waise
aus halb erschlafftem pimmel guß
verrinnt's um dich und leise leise
berührt dich genitalius

V

knebel

für lenau

du harter knebel füllest mir
das tal aus einem guß
den venusberg mein lustrevier
mit einem samenschuß

nimm fort nun deine schlaffe pracht
die ehmals blaue glans
nimm fort was mich so traurig macht
den müden matten schwanz

VI
den römischen prunnen
für c. f. meyer

aufsteift der schwanz und zuckend schießt
er in der rubinmuschel mund
die sich ergebend überfließt
in ihres letzten grundes rund
der schweif schwillt an er wird zu reich
vermählt sich wallend ihrer glut
ein jeder nimmt und gibt zugleich
und strömt und ruht

VII
ecce porno
für nietzsche

ja! nun weiß ich daß mein wille
unersättlich in die nille
zielt und ich versteife mich
löcher sind's in die ich passe
samen die zurück ich lasse
pimmel bin ich sicherlich.

F. W. BERNSTEIN

Aus dem Schmatzkästlein des schweinischen Hausfreundes

Von den erogenen Zonen

Es werden aus unserem Körperbau
kaum noch die Doktoren schlau.
Vielen ist als Sitz der Lust
nur die Brieftasche bewußt.
Wenn die von den Lüsten wüßten,
alle Punkte, Stellen, Tricks –
doch Doktoren wissen nix.
Nur der Dichter packt noch die
menschliche Anatomie;
findet sich zurecht in vielen
dichterischen Doktorspielen,
sucht und sucht mit heißen Ohren,
wo er sonst gar nix verloren.
Findet auch ganz im geheimen
eine böse Lust beim Reimen;
und so fügt er eine geile
Zeile an die nächste Zeile,
und das wird – man ahnt es schon –
Körperbauspekulation.

Meistens macht die Suche Sinn:
sie bringt hohen Lustgewinn.
Lyrik forscht nach wundervollen
Teilen, die wir haben sollen;
ganz besonders die speziellen
libidinös besetzten Stellen
nimmt der Dichter wahr, und zwar
lustbetont mit Haut und Haar.
Prahlen wird er mit den schmalen,
dicken, haarigen und kahlen,
idealen und realen,
illegalen, cerebralen
coolen und sentimentalen,

total tollen Regionen,
wo die Fleischeslüste wohnen.
Dieses Streben nach dem Glück
ist an sich ein starkes Stück,
ja vom Standpunkt der Moral
ist es Schweinkram und Skandal –
Ist dem Dichter ganz egal.
Siehe, er verkündet allen
Menschen noch mehr Wohlgefallen
an den Knöcheln, Knien und Kehlen,
auch der Kopf, der darf nicht fehlen,
ganz zu schweigen von Gefühlen,
die beim Wühlen in den Pfühlen …

Schluß jetzt! Aus! Kurz und knapp:
Da geht's ab:

I

Von den siebzehn Körperteilen
nenne ich zuerst die geilen:
Daumen, Gaumen, Busen, Mund,
Nabel, Schniebel, Wadel, und
da war doch noch so ein Teil,
den vergeß ich immer, weil,
es hat einen wüsten Namen,
einen häßlichen, infamen.
Es heißt ähnlich wie das Ding,
das meist gar nicht mehr abging –
gleich fällt mir der Name ein;
's wird wohl die Brustwarze sein.

II

Zwischen Knie und Sockenrand
ist erotisch ödes Land.
Schön ist zwar die Wade,
doch sie bringt's nicht. Schade.

III

Viele Freuden bringt der Fuß,
den man vorher waschen muß.
Auch der Stiefelfetischist
liebt den Fuß nicht, wie er ist;
hat ihn gern im Schuh –
und Du?

IV

Dinge wie das Unterhemd
sind eigentlich körperfremd,
doch tut selbst ein alter Hut
oft erotisch noch sehr gut;
magst ihn in besonders heißen
Nächten in die Krempe beißen;
kannst ihn küssen, kannst ihn knüllen,
ihn mit Lust und Liebe füllen –
Herz mein Herz, was willst Du mehr?
Etwa noch Geschlechtsverkehr?

V

Mancher Herr hat solche Stellen,
die bei der Berührung schwellen;
Beulen, die am Kopf entstehn,
sind nur selten erogen.

Andre Teile wieder schrumpeln,
wenn zwei aufeinanderpumpeln.
Beispielsweise das Plumeau
udn das Diskussionsniveau.

Was auch zusammenschrumpfen tut,
grade in der höchsten Glut:
das ist das Brikett
und die Zigarett.

VI

Erogen ganz ohne Frage
ist die Stereoanlage.
Den, der dran rummachen darf,
macht sie fickerig und scharf.

VII

Manche sagen jetzt, es fehle
auf der Liste noch die Seele.
Seele, Seele fehlt nicht, weil:
Seele ist total echt geil.

JÜRGEN EGYPTIEN

Die 7 Stufen der Geilheit

Elfriede Jelinek zu Ohren

Detlev war erregt. In seiner feuchten Handfläche zitterte der Hörer wie ein Vibrator. Tagelang war Detlev um das Telefon herumgeschlichen, hatte sogar gestern abend die Nummer einmal probehalber gewählt. Als er am anderen Ende das erste Klingeln vernahm und damit seine im tiefsten Innern verborgene Hoffnung, es sei vielleicht doch nur eine tote Leitung, zerstob, hatte er jedoch panisch aufgelegt. Diesmal hatte er sich geschworen, bis zum siebten Klingelzeichen durchzuhalten, das war seine persönliche Warteschwelle. Es noch länger klingeln zu lassen, wäre ihm als aufdringlich und würdelos erschienen. Nur bei Ämtern gestattete er sich Ausnahmen von dieser Regel, wenn er wußte, daß jemand da sein mußte. Dennoch empfand er jedes weitere Klingeln als körperliche Qual, es zermürbte ihn sicher mehr als die hartgesottenen Bürokraten, und er verhaspelte sich meistens rettungslos, wenn nach dem zehnten Mal tatsächlich noch abgehoben wurde.

Nun, davon konnte jetzt keine Rede sein. Bereits nach dem dritten Signalton kam die Verbindung zustande, und eine sanfte, feste Männerstimme sagte: »Book-Connection Alexander, guten Abend.« So war auch die Kleinanzeige im örtlichen Szeneblatt überschrieben gewesen. In ihr hatte Detlev gelesen: »Unsere aktuelle Attraktion: Der spezielle Bibliophilen-Service. Die Erfüllung aller Wünsche wird garantiert. Was immer Sie wollen, wir besorgen's Ihnen.« – »Bücher«, sagte Detlev zaghaft und wurde sogleich unterbrochen. »Natürlich«, sagte die Stimme von Alexander, »Bücher satt, Bücher jeden Inhalts, Bücher für jedes Alter, für alle Lebenslagen, Bücher für Ihre geheimsten Wünsche.« Detlev verzichtete darauf, seinem Gesprächspartner zu erklären, daß er sich bloß mit seinem Nachnamen hatte melden wollen, und fragte auf umständliche Weise und in schüchternem Ton, ob sich vielleicht auch ein Exemplar der von Melchior Lechter ausgestatteten Prachtausgabe von Georges Gedichtband *Der siebente Ring* im Angebot befände. Die Stimme am anderen Ende nahm einen beleidigten Klang an. Der Anzeige, der der anonyme Anrufer die Telefonnummer verdanke, habe er ja wohl auch entnehmen können, daß hier alle Begierden gestillt würden. Er hätte von dem Werk, das er im übrigen gar nicht kennen würde, wenigstens zwei Dutzend Exemplare am Lager. Detlev schwindelte. Seit Jahren war er vergeblich hinter dieser Kostbarkeit her. Vor seinem inneren Auge entstand das phantastische Bild eines Stapels dieses reich ornamentierten großformatigen Bandes, eines kniehohen Stapels violetter Leinenbände, wie ihn sonst bloß die Monat für Monat ausgetauschten Bestseller neben den Geschäftskassen bilden. Doch als Detlev mühsam beherrscht mit möglichst gleichgültig klingender Stimme nach dem Preis fragen wollte, wurde er erneut unterbrochen. »Darüber können wir später sprechen, ich möchte Ihnen lieber von den wirklich verführerischen Stücken unserer Kollektion einige anbieten. Setzen Sie sich bequem, lehnen Sie sich entspannt zurück, schließen Sie die Augen, damit Sie in Ihren Vorstellungen ganz unabgelenkt sind.« Da Detlev ein wenig betreten und auch irritiert schwieg, fuhr die Stimme fort: »Ja, so ist es gut, sammeln Sie sich, sagen Sie gar nichts, hören Sie mir nur gut zu, folgen Sie mir von Stufe zu Stufe, und Sie werden einen unvergeßlichen Höhepunkt erreichen.«

Wieder machte die Stimme eine Pause und wollte damit wohl Detlevs Grad der Entspannung und Vorbereitung testen. »Also«, setzte sie nun wieder ein, »ich habe hier eine wunderbare zeitgenössische *Nana* vor mir liegen, nur minimal bestoßen, ein Franzband in Ziegenleder mit herrlichen Kupferstichen von Doré, der mit sicherem Gespür die reizvollsten Szenen herausgegriffen und mit unglaublicher Delikatesse gestaltet hat. Jede Illustration ist von einem hauchfeinen Vorsatzblatt wie durch ein nur hie und da leicht brüchiges Jungfernhäutchen geschützt. Hervorheben möchte ich nur den Kupferstich im Titelbogen, der Nana im nachlässig getragenen Negligé vor dem Spiegel ihres Toilettentischs zugleich von vorne und hinten zeigt. Die Eleganz der Stiche harmoniert im übrigen aufs schönste mit der Egyptienne-Antiqua des Textes. Es ist ein wahres Vergnügen, sich diese *Nana* auf den Schoß zu legen und die Augen an ihr zu weiden.«

Detlev spürte, wie sich ein Gefühl der Wärme in seinem Bauch ausbreitete. Er wartete gespannt darauf, daß die Stimme wieder einsetzte. »So«, sagte sie gedehnt, »hier habe ich nun ganz etwas Feines. Eine Kunstmappe im Folioformat mit einem fliederfarbenen Samteinband, zart wie eine Knaben-Eichel, und goldgeprägtem Deckel. Der Titel lautet: *Beardsley. Á tous voyeurs.* Er enthält in Einzelblättern die kompletten Bilderzyklen, die Beardsley zu Wildes *Salomé* und zur *Lysistrata* des Aristophanes angefertigt hat. Die Struktur des leicht getönten Halbpergaments verleiht den gigantischen Phallen eine besondere Plastizität. Es handelt sich um eine auf sechzig Stücke limitierte und numerierte Auflage. Dieses Exemplar stammt übrigens aus dem Nachlaß von D. H. Lawrence, ein Werk wie geschaffen für den intimen Genuß von Liebhabern.« Detlev entfuhr unwillkürlich ein leiser Seufzer. Er verspürte ein angenehmes Kribbeln im Unterleib. Das Zittern der Hand, die den Hörer hielt, hatte aufgehört. »Ja«, fuhr die Stimme fort, »und nun wollen wir einen wahren Schatz heben. Es ist bloß ein Konvolut von einem halben Dutzend loser Blätter, dickes Pergament immerhin, aber leider mit größeren Randläsuren bis hin zu gottseidank nur geringen Textverlusten. Offenbar hat man diese Seiten gezielt entfernt, in der Mitte des oberen und unteren Seitenrandes sind Rostspuren eines Buchschlosses. Der Text ist mit kalligraphischem Aufwand in einer zweispaltigen Bastard-Schrift geschrieben, wobei die Majuskeln an den Stropheneingängen mit einem drastischen figürlichen Schmuck ausgemalt sind. Vereinzelt kann man sogar Schabspuren erkennen, wo bestimmte obszöne Worte vom Verfasser Gottfried von Straßburg gebraucht worden sind. Es handelt sich bei diesen Pergament-Blättern um ein Tristan-Fragment mit einer unzensierten Version der Minnegrotten-Episode. Isolde erweist sich in diesen Partien als versierte Kennerin der fernöstlichen Liebeskunst, von daher ist dieses Fragment auch von hohem kulturgeschichtlichem Wert. Gegenüber der christlich verfälschten Textgeschichte wird die Minnegrotte hier als geradezu heidnischer Tempel der Lust und zügelloser Sinnlichkeit erfahrbar.« Detlev merkte, wie eine Blutwelle sich in seinen Schoß ergoß. Sein Atem ging rascher. Er hatte tausend Fragen, aber er bekam keinen Ton heraus. Eine spätmittelalterliche Handschrift, woher wollte man wissen, daß sie einen authentischen Text überlieferte? Wie kam Isolde an ein Kamasutra – oder Gottfried – oder seine Quelle: über die Araber, über Spanien, Missionare?

In Detlevs Gedankenwirbel fuhr die Stimme am anderen Ende. »Wir halten nun auf halbem Wege, ich hoffe, Sie sind bereit für den Eintritt in ein Reich von neuen Köstlichkeiten. Vor mir liegt wieder ein illustriertes Werk. Diesmal aber ist es ein Privatdruck von 1969, dem Originale beigegeben sind. Es ist Nabokovs *Lolita* aus dem Besitz eines namhaften Literaturkritikers, und die von einer ausschweifenden sexuellen Phantasie zeugenden Illustrationen stammen von Tomi Ungerer. Das Werk ist in einer Berliner Handpresse mit dem launigen Namen *Herzinfarkt* auf japanischem Papier gedruckt worden und verfügt über einen Einband von besonderer Raffinesse. Der vordere Buchdeckel ist als Vagina gestaltet, der hintere als Anus.« Die Stimme machte hier, obwohl sie sich zuletzt gehoben hatte, eine Pause. Dann setzte sie wieder in leicht gesenktem Ton ein. »Allerdings muß ich Ihnen an dieser Stelle sagen, daß der Band durchaus unsauber ist. Vor allem einige der in einem separaten Schuber einliegenden Originalgraphiken und leider auch der Einband sind durch zahlreiche helle Flecken, wohl Samenflüssigkeit, verunziert. Auf die Vagina trifft leider nur das Wort ›abgegriffen‹ zu. Trotz des beschriebenen Erhaltungszustands kann dieses Liebhaberstück seinem künftigen Besitzer aber noch eine Menge Freude bereiten.« Detlevs Glied hatte sich versteift. Der Mund stand ihm auf. Welch bibliophiles Eldorado öffnete sich ihm hier, ein Sesam, das sein Sammlerherz schneller schlagen ließ und sein Blut in Wallung brachte.

Leise hob die Stimme wieder an und wählte nun einen vertraulicheren Tonfall. »Du kennst doch sicher das geilste Satzzeichen der Weltliteratur – nicht wahr, da fällt dir sofort der Gedankenstrich in Kleists *Marquise von O...* ein. Hast du nicht auch immer schon wissen wollen, was sich dahinter verbirgt? In meiner Hand halte ich ein Buch, in dem du es lesen kannst. Es ist eine Einzelausgabe von Kleists Erzählung vom Ausgang des neunzehnten Jahrhunderts. Sie hat einen wunderbaren Maroquin-Einband von nachtblauer Farbe, ein ebensolches seidenes Lesebändchen, einen zarten allseitigen Goldschnitt und eine filigrane Rückenvergoldung in einer serifenlosen Schrift. Gedruckt ist sie in einer Grotesk-Antiqua auf feinstem Büttenpapier. Der jeweils erste Buchstabe der Absätze ist mennigerot und mit einer kleinen Vignette verziert. Natürlich will ich dir jetzt nicht im einzelnen die einschlägige Stelle vorlesen, sie ist übrigens interessanterweise aus der Perspektive der doch bewußtlosen Marquise geschrieben, gerade so, als ob sie den Vorgang der Penetration aus innerem unbewußten Erleben und Erleiden heraus schildere. An dieser Stelle findest du in dem Buch eine Gouache-Grisaille von Gustav Klimt, die den Moment vor der Vergewaltigung festhält. Außer dieser Passage ist das Buch merkwürdigerweise noch unaufgeschnitten. Das prächtige Werk trägt im Impressum den Vermerk: ›Einzeldruck für Herrn Dr. Arthur Schnitzler‹.« Die Stimme machte wieder eine ihrer bedeutungsvollen Pausen. »Ja, leider ist auch in diesem Fall über einige kleinere Läsuren zu klagen. Die *Marquise* ist äußerlich stark berieben, und ihre Gelenke sind angeplatzt, im Inneren ist sie aber erfreulich frisch geblieben.«

Für die nachgereichten Einschränkungen hatte Detlev kein Ohr mehr. Was spielte das bei einem solchen Unikat für eine Rolle? Er sah sich schon den Maroquin-Einband abtasten und ehrfurchtsvoll und erwartungsfroh bis zu jener Stelle blättern, wo die Marquise zusammensinkt. Mit dem Rasiermesser würde er behutsam Lage um Lage auftrennen. Der Schwanz spannte wie eine Stahlrute in seiner Hose. Detlev öffnete den Reißverschluß und verschaffte sich eine bequemere Stellung, als die Stimme wieder an seinem Ohr erklang. »Jetzt stehst du vor der Erfüllung deiner kühnsten Träume, jetzt wird dir zuteil, wovon zu träumen du nicht einmal wagen würdest. Hast du auch die Augen geschlossen, lauschst du auch allein meiner Stimme? Ich hoffe, du bist bereit zum großen Genuß. Hör zu! Ein wenig schimmelfleckig ist es schon, ein wenig stockfleckig ist es auch, aber vollständig ist es, vom handgeschriebenen Titelblatt bis zum handgeschriebenen ›finis‹. Es ist das Aretino-Manuskript von Georg Büchner, seine lang gesuchte Bearbeitung der Hetären-Gespräche – und was für eine Bearbeitung! Selbst Danton mit seinem losen, vulgären Mundwerk wäre verstummt und rot angelaufen. Man könnte meinen, einzig der junge Brecht hätte darin gelesen und einiges für seine Augsburger Sonette daraus geklaut. Ich glaube übrigens, er hat ohnedies das ganze Manuskript gestohlen, doch darüber ein andermal. Das Manuskript ist in tadellosem Zustand. Es ist eine sehr sorgfältige Reinschrift und stammt unverkennbar von Büchners Hand. Er hat sogar ein paar kleine obszöne Zeichnungen, die den Anatomen verraten, mit einfließen lassen; kein Wunder, daß die Blätter sekretiert ... Was ist dir? Was keuchst du so?« Bei Detlev waren nun alle Dämme gebrochen. Er hatte mit der rechten Hand sein zuckendes und pulsierendes Glied umfaßt und rieb mechanisch seinen Schaft. In seinem Hirn hämmerte es in wahnsinnigem Takt: ›Büchner‹ – ›Aretino‹ – ›Büchner‹ – ›Aretino‹. Er sah die kilometergroßen Lettern auf den Titelseiten aller Zeitungen und Zeitschriften des Universums, er sah sich hinter Stahltüren die flachen Hände und die Wange auf das Titelblatt legen, er sah ...

»Nun das Äußerste, das Höchste, die ultimative bibliophile Epiphanie. Die Pergamentrolle, die du mich hier abwickeln hörst, zeigt eine Vielzahl von deftigen Bühnenszenen. Sie stammen alle aus Stücken des Aristophanes, zwei Drittel wohl aus solchen, die als verschollen gelten müssen. Doch immerhin erfahren wir aus diesem Text einiges Genauere über diese Komödien. Die Abbildungen dienen nämlich als Illustrationen zu einer gelehrten Abhandlung. Was ich hier in der Hand halte, ist der vollständige Text der Aristotelischen Komödientheorie.«

Detlev riß es auseinander. Mit seinem Schrei »Alexander, ich komme«, brach die Telefonleitung zusammen.

HORST BIENEK

Obszön

ich glaub
lieber Arnold
jeder seriöse autor
möchte vertreten sein
in einer anthologie pornografischer literatur
wie – vielleicht – jeder pornograf davon träumt
wenigstens mit einem satz
in den literaturgeschichten
– zumindest im KLG –
erwähnt zu werden

überprüfend
meinen bestand an pornografie
entdecke ich
daß mein kopf voll davon ist
mein schwanz
meine zonen
die erogenen (hi-hi-)
und daß ich manchmal
des nachts
zwischen elf und drei uhr
das praktiziere was man in bürgerlichen kreisen immer noch
pornografie nennt
entdecke aber – jetzt im augenblick –
meinen egoismus
der nicht will
daß andere daran teilhaben
und ich weiß
immer ist irgendwo ein kramberg
der darauf lauert
bettgewohnheiten zu rezensieren

Jaja wenn ich an meine versuche denke
wenn ich daran denke
an die tiefen unüberbrückbar
die sich auftun zwischen dem ausführen und dem aufschreiben
und – vor allem – nachdem ich Bukowski
gelesen habe

merke ich
daß wir noch ein stück abendland sind

Freilich
auch ich kann
mit lauter stimme ausrufen
es lebe der permanente fick
es lebe die permanente fick-revolution
(und niemand wird da sein der mir widerspricht)
beides sind formen der vita activa
o ja ich könnte erzählen von einer burroughs'schen utopie
in der die eine hälfte der menschheit
die andere in den arsch vögelt
und vor lauter lust
verginge allen die aggression die exploration
die kolonisation die administration die ex-kommunikation

Aber wer glaubt mir das
wer sicht nicht dahinter
die provokation
um der provokation willen
vielleicht
um herrn zimmermann oder die bundesprüfstelle aufzustören
da gibt es schon eine menge jungere autoren
die nur das wollen nichts anderes und nichts mehr
und die schon zahlreich in Ihrer antho vertreten sein werden
aber das ist nicht mein fall

Ich schreibe weiter
meine gedichte
vielleicht wie gerade jetzt
über die sprache:
das beschäftigt mich
wie kann man
jenseits von lettristischer sprachimpotenz
über die sprache reflektieren

Ich rede nicht vom sieg
weil ich niederlagen erlitten habe
ich spreche nicht von der schönheit
weil mein körper mit narben bedeckt ist
ich weigere mich den gesang zu rühmen
weil meine kehle verstummt ist

ich setze die Worte nebeneinander
weil ich schweigen möchte
ich spreche die sätze vor
weil ich ihr wesen angeben will
das wesen des satzes angeben heißt das wesen aller
beschreibung angeben also das wesen der welt
die sprache folgt mir nach
ist immer hinter mir
schattensprache

das meine ich
hier enthüllt sich die sprache auf obszöne weise
sprachpornografie – obszön
obszönobszönobszönobszönobszönobszönobszönobszönobszönobszön

NACHWEISE

I

Johannes Secundus (eigentlich Jan Nicolas Everaerts), geb. 1511 in Den Haag, gest. 1536 in der Abtei Saint-Amand bei Tournai.
Warum wendet ihr ab das zücht'ge Antlitz. Aus: Harry C. Schnur (Hrsg. u. Übers.): Lateinische Gedichte deutscher Humanisten. Stuttgart (Reclam) 1967.

Yoko Tawada, geb. 1960 in Tokyo, lebt in Hamburg.
Zungentanz. Erstveröffentlichung.

Hannelies Taschau, geb. 1937 in Hamburg, lebt in Hameln.
Blind sein. Aus: Hannelies Taschau: Gedichte. Hamburg (Wegner) 1969.

Paul Fleming, geb. 1609 in Hartenstein (Sachsen), gest. 1640 in Hamburg.
Wie er wollte geküsset sein. Aus: Paul Fleming: Sei dennoch unverzagt. Gedichte. Hrsg. v. Uwe Berger. Berlin (Rütten & Loening) 1977.

Alissa Walser, geb. 1961 in Friedrichshafen, lebt in Frankfurt am Main.
Dies ist nicht meine ganze Geschichte. Aus: Alissa Walser: Dies ist nicht meine ganze Geschichte. © 1994 by Rowohlt Verlag GmbH, Reinbek.

II

August Stramm, geb. 1874 in Münster, gest. 1915 bei Gorodez (Rußland).
Trieb und Freudenhaus. Aus: August Stramm: Die Dichtungen. Hrsg. v. Jeremy Adler. München (Piper) 1990.

Zsuzsanna Gahse, geb. 1946 in Budapest, lebt in Stuttgart und bei Luzern.
Im Gegenteil. Erstveröffentlichung.

Johann Peter Uz, geb. 1720 in Ansbach, gest. 1796 in Ansbach.
Ein Traum. Aus: Johann Peter Uz: Sämtliche poetische Werke. Hrsg. v. August Sauer. Darmstadt (Wissenschaftliche Buchgesellschaft) 1964 (Nachdr. d. Ausg. Stuttgart (Göschen) 1890).

Stefanie Menzinger, geb. 1965 in Gießen, lebt in Hausen im Taunus und in Klausenburg (Rumänien).
schlangenbaden. Erstveröffentlichung.

Christian Hofmann von Hofmannswaldau, geb. 1616 in Breslau, gest. 1679 in Breslau.
Als die Venus neulich saße. Aus: Benjamin Neukirch (Hrsg.): Herrn von Hofmannswaldau und andrer Deutscher auserlesener und bißher ungedruckter Gedichte. Erster Theil. Tübingen (Niemeyer) 1965 (Nachdr. d. Ausg. o. O. u. Vlg. 1697.) (Das Gedicht wird Hofmannswaldau zugesprochen.)

Hugo Dittberner, geb. 1944 in Gieboldehausen (Niedersachsen), lebt in Kalefeld (Niedersachsen).
Eine kalte Nacht. Aus: Hugo Dittberner: Draußen im Dorf. Erzählungen. Reinbeck bei Hamburg (Rowohlt) 1978.

Frank Wedekind, geb. 1864 in Hannover, gest. 1918 in München.
Ilse. Aus: Frank Wedekind: Werke in zwei Bänden, Bd. 1. Hrsg. v. Erhard Weidl. München (Deutscher Taschenbuch Verlag) 1990.

Thomas Lehr, geb. 1957 in Speyer, lebt in Berlin.
Frühe Lieben. Erstveröffentlichung.

Rainer Kirsch, geb. 1934 in Döbeln (Sachsen), lebt in Berlin.
Petrarca hat Malven im Garten, und beschweigt die Welträtsel. Erstveröffentlichung.
Petrarca, am Schreibtisch, sonettiert seiner Gespielin. Erstveröffentlichung.

Angela Krauß, geb. 1950 in Chemnitz, lebt in Leipzig.
Angelo. Erstveröffentlichung.

Ingo Schulze, geb. 1962 in Dresden, lebt in Berlin.
Neues Geld. Erstveröffentlichung.

Kerstin Hensel, geb. 1961 in Karl-Marx-Stadt, lebt in Berlin.
Spanisches Moos. Erstveröffentlichung.

Sabine Reber, geb. 1970 in Bern, lebt in Irland.
Unter dem Kissen. Erstveröffentlichung.

Johann Christian Günther, geb. 1695 in Striegau (Schlesien), gest. 1723 in Jena.
Als er ihretwegen einen schweren Traum hatte. Aus: Sammlung von J. C. G's aus Schlesien, theils noch nie gedruckten, theils schon herausgegebenen, Deutschen und Lateinischen Gedichten, 4 Bde., 1724–1735.

August von Platen, geb. 1796 in Ansbach, gest. 1835 in Syrakus.
Zwei Sonette. Aus: August von Platen: Sämtliche Werke in zwölf Bänden, Bd. 2. Historisch-kritische Ausgabe. Hrsg. v. M. Koch und E. Petzet. Hildesheim 1969 [Nachdr. d. Ausg. Leipzig (Max Hesse) 1910].

Armin T. Wegner, geb. 1886 im Elberfeld, gest. 1978 in Rom.
Die Beiden. Aus: Armin T. Wegner: Fällst du, umarme auch die Erde oder Der Mann, der an das Wort glaubt. Wuppertal (Peter Hammer) 1974.

Thomas Böhme, geb. 1955 in Leipzig, lebt dort.
Pfadfinder. Erstveröffentlichung.

Johannes R. Becher, geb. 1891 in München, gest. 1958 in Berlin.
Auf einen Jüngling, genannt Elly. Aus: Johannes R. Becher: Gesammelte Werke in achtzehn Bänden, Bd. 1: Ausgewählte Gedichte 1911–1918. Hrsg. v. d. Johannes R. Becher Archiv der Akademie der Künste zu Berlin. Berlin und Weimar (Aufbau) 1966.

Renate Rasp, geb. 1935 in Berlin, lebt in Newquay (Cornwall).
Sparschweine. Aus: Renate Rasp: Eine Rennstrecke.
© 1969 by Verlag Kiepenheuer & Witsch Köln.

Stefan Döring, geb. 1954 in Oranienburg, lebt in Berlin.
andersrum. Aus: Stefan Döring: Heutmorgestern. Berlin und Weimar (Aufbau) 1989.

Karsten Witte, 1944 in Perleberg, gest. 1995.
Grenzen. Aus: Karsten Witte: Laufpaß. Zürich (Die Arche) 1985.

Nicole Müller, geb. 1962 in Basel, lebt in Zürich.
Schneefall 2. Erstveröffentlichung.

Georg Heym, geb. 1887 in Hirschberg (Riesengebirge), gest. 1912 in Berlin Wannsee.
Abends. Aus: Georg Heym: Dichtungen und Schriften. Gesamtausgabe. Bd. 1. Hrsg. von K. L. Schneider. München (Heinrich Ellermann) 1964.

III

Christoph Martin Wieland, geb. 1733 in Oberholzheim, gest. 1813 in Weimar.
Das Gärtlein still vom Busch umhegt. Zugeschrieben u. a. nach Paul Englisch: Geschichte der erotischen Literatur. Magstadt bei Stuttgart (Verlag für Kultur und Wissenschaft) 1963 [Nachdr. d. Ausg. Stuttgart (J. Püttmann) 1927].

Inka Bach, geb. 1956 in Berlin, lebt dort.
Midi sonne. ohne zu fragen. Septemberrose am Savignyplatz. ein Sonntag im Oktober. Hüftschwung. auf dem Sprung. Engel haben lange Beine. Akt. Reiselust. diszipliniert und ungebremst. Erstveröffentlichungen.

Friedrich Christian Delius, geb. 1943 in Rom, lebt in Berlin.
Ausflug. Was will ich denn mehr. An eine Langstreckenläuferin. Wählen gehen. Aus dem Wörterbuch des Flüsterns. Sprachlos. Altersloser Abend. Führungen, Bisse. Nachtmahl. Gegenlicht. Erstveröffentlichungen.

Anastasius Grün (Pseudonym für Anton Alexander von Auersperg), geb. 1806 in Laibach, gest. 1876 in Graz.
Die Brücke. Aus: Anastasius Grün: Sämtliche Werke in zehn Bänden, Bd. 1. Hrsg. v. Anton Schlossar. Leipzig (Max Hesse) 1907.

Wolf Biermann, geb. 1936 in Hamburg, lebt in Hamburg.
Er kam mit dem Wind. Erstveröffentlichung.

Karl Mickel, geb. 1935 in Dresden, lebt in Berlin.
Die Hurerei, oder: Das Leben. Erstveröffentlichung.

Sarah Kirsch, geb. 1935 in Limlingerode (Südharz), lebt in Tielenhemme (Schleswig-Holstein).
Don Juan kommt am Vormittag. Aus: Sarah Kirsch: Zaubersprüche. Gedichte. Ebenhausen bei München (Langenwiesche-Brandt) 1974.

Volker von Törne, geb. 1934 in Quedlingburg, gest. 1980 in Berlin.
Dies ist der letzte Vers. Aus: Volker von Törne: Kopfüberhals. Achtundvierzig Gedichte. Berlin (Klaus Wagenbach) 1979.

IV

Es wollt ein meydlein grasen gan. Aus: Peter Schöffers ›Liederbuch‹. Tenor, Discantus, Bassus, Altus. München (Gesellschaft Münchner Bibliophilen) 1909 (Nachdr. d. Ausg. Mainz o.Vlg. 1513).

Keto von Waberer, geb. 1942 in Augsburg, lebt in München.
Reise zum Mittelpunkt der Welt. Erstveröffentlichung.

Carl Müller, genannt Saumüller, 1796–1873.
Der Komet im Jahre 1819. Aus: Carl Müller: Gedichte, Aufsätze und Lieder im Geiste Marcelin Sturms. Gesammelt und jedem lustigen Männerzirkel gewidmet. München o.Vlg. 1909 (Nachdr. d. Ausg. Stuttgart o.Vlg. 1824).

Burkhard Spinnen, geb. 1956 in Mönchengladbach, lebt in Münster.
Spaghetti-Träger. Erstveröffentlichung.

Robert Gernhardt, geb. 1937 in Reval (Estland), lebt in Frankfurt am Main.
Das Attentat oder Die nackten Fakten oder Ein Streich von Pat und Doris. Eine Paraphrase. Erstveröffentlichung.

Begerine und ihr Galan Ente. Aus der Sammlung: Le Pansif. Poetische Grillen bey Müßigen Stunden gefangen. Erfurt o.Vlg. 1728.

Heinrich Heine, geb. 1797 in Düsseldorf, gest. 1856 in Paris.
Diana. Aus: Heinrich Heine: Historisch-kritische Gesamtausgabe (Düsseldorfer Ausgabe), Bd. 2: Neue Gedichte. In Verbindung mit dem Heinrich Heine-Institut hrsg. v. Manfred Windfuhr. Hamburg (Hoffmann und Campe) 1983.

Michael Kleeberg, geb. 1959 in Stuttgart, lebt in Burgund.
Der große Liebhaber Volker Schultheiß, Verwaltungsangestellter. Erstveröffentlichung.

V

Ernst Jandl, geb. 1925 in Wien, lebt dort.
Hoffnung. Aus: Ernst Jandl: Gesammelte Werke in drei Bänden, Bd. 2. Hrsg. v. Klaus Siblewski. Darmstadt; Neuwied (Luchterhand) 1985.

Johann Christian Günther, geb. 1695 in Striegau (Schlesien), gest. 1723 in Jena.
Das Feld der Lüste. Aus: Sammlung von J. C. G's aus Schlesien, theils noch nie gedruckten, theils schon herausgegebenen, Deutschen und Lateinischen Gedichten, 4 Bde., 1724–1735.

Thomas Murner, geb. 1475 in Oberehnheim bei Straßburg, gest. 1537 in Oberehnheim.
Die Fraun der Scham entbehren tun. Aus: Eduard Fuchs: Illustrierte Sittengeschichte vom Mittelalter bis zur Gegenwart, Bd. 1: Renaissance. München (Albert Langen) 1909.

Johann Gabriel Bernhard Büschel, geb. 1758 in Leipzig, gest. 1813 Leipzig.
Die Wunderwerke. Aus: Johann Gabriel Büschel: Kanthariden. Erotische Gedichte. Leipzig o.Vlg. 1908 (Nachdr. d. Ausg. Rom (Giovanni Tossoni) 1785.

Johann Ludwig Gleim, geb. 1719 in Ermsleben, gest. 1803 in Halberstadt.
Das Licht. Aus: Johann Ludwig Gleim: Gedichte. Hrsg. von Jürgen Stenzel. Stuttgart (Reclam) 1969.

Alfred Lichtenstein, geb. 1889 in Berlin, gest. 1914 in Vermandovillers bei Chaulnes (Frankreich).
Erotisches Varieté. Aus: Alfred Lichtenstein: Gesammelte Gedichte. Hrsg. v. Klaus Kanzog. Zürich (Die Arche) 1962.

Johann Wolfgang Goethe, geb. 1749 in Frankfurt am Main, gest. 1832 in Weimar.
Köstliche Ringe besitz ich! Aus: Johann Wolfgang Goethe: Sämtliche Werke in vierzig Bänden, Bd. 1. Hrsg. v. Karl Eibel. Frankfurt am Main (Deutscher Klassiker Verlag) 1987.

Gotthold Ephraim Lessing, geb. 1729 in Kamenz, gest. 1781 in Braunschweig.
Der über uns. Aus: Gotthold Ephraim Lessing: Sämtliche Schriften, Bd. 1. Hrsg. v. Karl Lachmann. Berlin (Walter de Gruyter & Co.) 1968 [Nachdr. d. Ausg. Stuttgart (G. J. Göschen'sche Verlagsbuchhandlung) 1886].

Dagmar Leupold, geb. 1955 in Niederlahnstein (Rhein), lebt in München.
Die Braut. Erstveröffentlichung.

Celander (Pseudonym, wahrscheinlich für Johann Georg Gressel)
Verschwendung im Schlafe. Aus: Celander: Der verliebte Studente. In einigen annehmlichen und wahrhaftigen Liebes-Geschichten, welche sich in einigen Jahren in Teutschland zugetragen. Berlin (Hyperion) 1910 [Nachdr. d. Ausg. Köln (Pierre Marteaux) 1709].

Martin Ahrends, geb. 1951 in Berlin, lebt in Berlin.
Die Sandale. Erstveröffentlichung.

Hans Eichhorn, geb. 1956 in Vöcklabrunn, lebt am Attersee.
Chronische Präpotenz. Aus: Hans Eichhorn: Der Umweg. Prosa-Miniaturen. Weitra (Bibliothek der Provinz) 1994.

Phantasien in drei priapischen Oden
Gottfried August Bürger, geb. 1747 in Molmerswende (Harz), gest. 1794 in Göttingen.
An die Feinde Priaps. Aus: Gottfried August Bürger: Sämtliche Werke. Hrsg. v. Günter und Hiltrud Häntzschel. München; Wien (Carl Hanser) 1987.
Johann Heinrich Voß, geb. 1751 in Sommerdorf (Mecklenburg), gest. 1826 in Heidelberg.
An Priap.
Friedrich Leopold zu Stolberg, geb. 1750 in Bramstedt, gest. 1819 in Sondermühlen bei Osnabrück.
Wahl meiner künftigen Gattin und ihrer Eigenschaften.
Die drei Oden wurden zusammen veröffentlicht in: Verlag der Nymphenburger Drucke Bd. X, München ca. 1924, zuerst anonym 1800.

Eckhard Henscheid, geb. 1941 in Amberg, lebt in Frankfurt am Main.
Charlottens Brief. Aus: Eckhard Henscheid und F. W. Bernstein (Hrsg.): Unser Goethe. Ein Lesebuch. Zürich (Diogenes) 1982.

Joseph von Westphalen, geb. 1945 in Schwandorf (Oberpfalz), lebt in München.
Lametta Lasziv und der brüllende Literaturkritiker. Für diese Ausgabe vom Autor zusammengestellt und mit dem Titel versehen aus: Joseph von Westphalen: Lametta Lasziv. Ein kleiner festlicher Roman. © 1996 by Haffmans Verlag AG Zürich.

Brigitte Blobel, geb. 1942 in Hamburg, lebt jetzt wieder dort.
Die Ausstellung. Erstveröffentlichung.

Johann Georg Scheffner, 1736–1820.
Die Feder der Liebe. Aus: Johann Georg Scheffner: Gedichte im Geschmacke des Grécourt. Berlin (Hyperion) 1919 [Nachdr. d. Ausg. Frankfurt am Main; Leipzig (Dodsley & Co.) 1773].

Ror Wolf, geb. 1932 in Saalfeld (Thüringen), lebt in Mainz.
Die Pflege der Geselligkeit. Aus: hans waldmanns abenteuer zweite Folge. In: Ror Wolf: Aussichten auf neue Erlebnisse. Moritaten, Balladen und andere Gedichte. Mit Collagen des Verfassers. © 1996 by Frankfurter Verlagsanstalt GmbH, Franfurt am Main.

VI

Albert Ehrenstein, geb. 1886 in Wien, gest. 1950 in New York.
Morgengebet. Aus: Albert Ehrenstein: Werke, Bd. 4,1. München 1997.
© Klaus Boer Verlag.

Klabund, (Pseudonym für Alfred Henschke), geb. 1890 in Crossen (Oder), gest. 1928 in Davos.
Ich schlage schamlos in die Tasten. Aus: Klabund: Der himmlische Vagant. Eine Auswahl aus dem Werk. Hrsg. v. Marianne Kesting. © 1968, 1978 by Verlag Kiepenheuer & Witsch Köln.

Paul Boldt, geb. 1885 in Christfelde (Westpreußen), gest. 1921 in Freiburg im Breisgau.
Friedrichstraßendirnen. Aus: Paul Boldt: Junge Pferde! Junge Pferde! Das Gesamtwerk. Hrsg. v. Wolfgang Minaty. Olten; Freiburg im Breisgau (Walter) 1979.

August Stramm, geb. 1874 in Münster, gest. 1915 bei Gorodez (Rußland).
Freudenhaus. Aus: August Stramm: Die Dichtungen. Hrsg. v. Jeremy Adler. München (Piper) 1990.

Max Dauthendey, geb. 1867 in Würzburg, gest. 1918 in Malang (Java).
Die Leiern der Wollust. Aus: Max Dauthendey: Die geflügelte Erde. München (Albert Langen) 1968.

Bertolt Brecht, geb. 1898 in Augsburg, gest. 1956 in Berlin.
Sauna und Beischlaf. Aus: Bertolt Brecht: Gedichte über die Liebe. Hrsg. v. Werner Hecht. © Suhrkamp Verlag Frankfurt am Main 1984.

Erich Kästner, geb. 1899 in Dresden, gest. 1974 in München.
Eine Animierdame stößt Bescheid. Aus: Erich Kästner: Gesang zwischen den Stühlen. Gedichte. Zürich (Atrium) 1969. © by Erich Kästner Erben, München.

Karl Krolow, geb. 1915 in Hannover, lebt in Darmstadt.
Nimm sie langsam. Erstveröffentlichung in: Heinz Ludwig Arnold (Hrsg.): Dein Leib ist mein Gedicht. Deutsche erotische Lyrik aus fünf Jahrhunderten. Bern; München; Wien (Rütten & Loening in der Scherz Gruppe) 1970.

Kurt Tucholsky, geb. 1890 in Berlin, gest. 1935 in Hindås bei Göteborg (Schweden).
Mißachtung der Liebe. Aus: Kurt Tucholsky: Gesammelte Werke, Bd. 2. Hrsg. v. Mary Gerold-Tucholsky und Fritz J. Raddatz. © 1960 by Rowohlt Verlag GmbH, Reinbek.

VII

Johann Matthias Dreyer, geb. 1716 in Hamburg, gest. 1768 in Hamburg.
Ein wenig Einerlei schwächt auch die stärksten Triebe. Aus: Johann Matthias Dreyer: Schöne Spielwerke beym Punsch, Wein, Bischof und Krambambuli. Hamburg; Leipzig o.Vlg. 1763.

Friedrich Schlegel, geb. 1772 in Hannover, gest. 1829 in Dresden.
Sieben Sonette. Aus: Zehn Sonette, o. O. u. J. (1880), nachweisbar in zwei anderen Drucken von 1925 (München) und 1926 (Weimar).

Rainer Maria Rilke, geb. 1875 Prag, gest. 1926 in Val-Mont bei Montreux (Schweiz).
Sieben Gedichte. Aus: Rainer Maria Rilke: Werke. Kommentierte Ausgabe in vier Bänden, Bd. 2. Hrsg. v. Manfred Engel und Ulrich Fülleborn. Frankfurt am Main; Leipzig (Insel) 1996.

Hartmann von Moisenhayn, geb. 1952 in Trinklingen, lebt in Göttingen.
Sieben Widmungsblätter. Erstveröffentlichung in: Heinz Ludwig Arnold (Hrsg.): Dein Leib ist mein Gedicht. A. a. O.

F. W. Bernstein, (Pseudonym für Fritz Weigele), geb. 1938 in Göppingen, lebt in Berlin.
Aus dem Schatzkästlein des schweinischen Hausfreundes – Von den erogenen Zonen.
Aus: F. W. Bernstein: Lockruf der Liebe. © 1988 by Haffmanns Verlag AG Zürich.

Jürgen Egyptien, geb. 1955, lebt in Aachen.
Die 7 Stufen der Geilheit. Erstveröffentlichung.

Horst Bienek, geb. 1930 in Gleiwitz (Oberschlesien), gest. 1990 in München.
Obszön. Erstveröffentlichung in: Heinz Ludwig Arnold (Hrsg.): Dein Leib ist mein Gedicht. A. a. O. © Carl Hanser Verlag München Wien.

Über den Herausgeber

Heinz Ludwig Arnold, geboren 1940 in Essen, lebt in Göttingen. Er gründete 1962 die Literaturzeitschrift »Text+Kritik« und gibt seit 1978 das »Kritische Lexikon zur deutschsprachigen Gegenwartsliteratur« (KLG) sowie seit 1983 das »Kritische Lexikon zur fremdsprachigen Gegenwartsliteratur« (KLfG) heraus. Er veröffentlichte zahlreiche Bücher zur deutschen Literatur, vor allem zur Literatur nach 1945. Seit 1995 ist er Honorarprofessor in Göttingen.

Über den Illustrator

Tomasz Jura, geboren 1943 in Andrychów, lebt in Kalowice. Er ist Professor an der Kunstakademie Krakau.